やってはいけない「実家」の相続

相続専門の税理士が教えるモメない新常識

天野　隆

青春新書
INTELLIGENCE

はじめに　相続専門の税理士が教える、モメない「実家の相続」

今、日本中で空き家が急速に増えています。

その大きな要因が人口減少です。しかも地方のみならず、人口が増えているはずの大都会でも、空き家が増加しているのです。これはどういうことでしょうか？

実は、そこに相続の問題が大きくかかわっているのです。

現代日本の典型的な相続のパターンは、夫に先立たれて実家にひとりで住んでいた母親が、子ども2、3人を遺して亡くなるというものです。

そこで重要なポイントとなるのは、日本人の寿命が延びてきたために、母親は80代から90代のご高齢で亡くなるというケースが多いという点です。ですから、相続人である子どもたちは、すでにそこそこの年齢に達していて、自分の持ち家があるのです。

そうなると、親が亡くなっても実家に住む必要がありません。結果的に、実家の土地と家を相続したものの、実家は誰も住まない空き家になってしまうのです。

「空き家でもなんでも、もらえるものはもらっておけばいいじゃないか」と考える人もいるかもしれませんが、残念ながらそうそう話はうまくいきません。

なぜなら、「住まない実家」は税金も割高になりますし、維持費もかかります。経済的に見ても、非常に厄介な存在なのです。

さらに難しいことに、2015年1月1日には相続税・贈与税の税制改正が施行されました。これによって、相続税の課税対象になるケースが大幅に増え、これまでのような「相続税は一部の金持ちだけが心配すること」ではなくなっています。

とくに、評価額が高い都会の土地を相続すると、想像以上の相続税がかかるケースも発生しています。実家はますます扱いの難しい存在になってしまったのです。

そんな状況を踏まえて、最近では、実家の相続をアドバイスする雑誌の記事や書籍をよく目にするようになりました。その内容はというと、「住まない実家はすみやかに売るべき」「実家は相続してはいけない」といった論調です。

でも、本当にそれがよい解決法なのでしょうか。

残念ながら、これまで30年以上にわたって数多くの相続を見てきた私の目から見れば、必ずしもベストな選択とはいえません。

確かに、経済面だけを考えれば、そうした対策が有効かもしれません。しかし、そうした論調には「家族の心情」や「人間関係」という視点が抜け落ちています。子ども時代から何十年もの思い出がしみついた家、あるいは何百年と代々継いできた土地を、親が亡くなったからといって、はたしてさっさと売ることができるでしょうか。

きょうだいの間でもなかなか意見がまとまりませんし、何より親戚の目も気になります。そこまで割り切れる人はほとんどいないというのが、私の結論です。

「こうすればどんな家の相続でも、一瞬のうちにすべて解決する」という万能の方法はありませんが、「住まない実家」のしまい方にはコツがあるのです。

そもそも相続というのは、親が亡くなることを前提としていますので、親の生前には子どものほうから積極的に話題にすることは難しいものです。そのために、いずれやってくる相続に対して、誰もがぼんやりとした不安をもっていることでしょう。ところが、それを誰にも相談できずに悩んでいる人は非常に多いのです。

しかし、ご安心ください。それぞれの家庭の状況に応じて、〝よりよい解決法〟は必ず存在します。私どもには、これまで5000件以上の相続のご相談に応じてきたデータの蓄積があります。

複雑きわまる遺産相続を周到な準備によってスムーズに解決した例。逆に、順調に進むと思われた遺産分割交渉が、不用意なひと言によって振り出しに戻ってしまったという例など、枚挙にいとまがありません。

本書では、さまざまな事例をもとにして、親御さんが健在であるときの親子やきょうだいの付き合い方、相続がはじまってからのスケジュールなど、いい相続、悪い相続について、それぞれのご家族にとって最良の「実家の相続」をアドバイスします。相続による過大な金銭的負担を軽減する方法もご紹介します。

相続が順調に進めば、「住まない実家」の問題も解消できます。すでに親が亡くなって相続に直面している方にはもちろん、親が年老いていずれ相続のときがくるという方にも、必ずやお役に立つものと確信しています。

本来、相続というものは、親の金銭だけでなく心も受け継ぐためにおこなわれるものです。それなのに、相続によって金銭的にも精神的にも大きな負担がしいられては本末転倒です。

本書をご参考になさることによって、それぞれのご家族にとって最良の解決法が見出されれば、これほど喜ばしいことはありません。

税理士法人レガシィ代表社員税理士　天野隆

『やってはいけない「実家」の相続』●目次

第1章 住まない、売れない、分けられない…「実家」は相続するべきか？

第2章 「住まない実家」のしまい方にはコツがある

第4章 日本一相続を見てきてわかった「相続以前」に大切なこと

本文DTP　センターメディア
編集協力　二村高史

第1章

住まない、売れない、分けられない…「実家」は相続するべきか？

「相続」には2つの意味がある

あなたは、「相続」という言葉を聞いて、何を連想しますか？

ほとんどの方は、土地家屋、預貯金や株式などを、亡き人から受け継ぐことだと答えるでしょう。単なる財産のやりとりだと思っている人もいるかもしれません。

そして、そうした相続をお手伝いする税理士などという人種は、人情もわきまえないドライな人間だと思っているかもしれません。

しかし、それは大きな誤解です。金銭に換算できる財産を受け継ぐことだけが相続ではありません。亡き人の心や意思、さらには文化や思想、人間性といった目に見えない資産を受け継ぐこともまた相続なのです。

それは、「相続」という字を見ればおわかりになると思います。

相続の「相」という字は、「人相」「面相」というときの「相」で、「すがた」という意味があります。その「相《すがた》」を続ける——つまり、亡き人の姿を続けていこうというのが相続なのです。

ただ、亡き人の相《すがた》を続けていくためには、物質的・金銭的な資産も必要です。たとえば、親の商売を継ぐには、その基盤となる土地や店舗も引き継ぐ必要があります。

また、「子どもには平和で穏やかな生活を送ってほしい」という親の意思を実現するには、最低限の資産があったほうがいいでしょう。

不動産や預貯金を相続するという行為の根本には、そうした親の思いを理解して引き継ぐという意味があるのです。

具体的にいえば、家族が住んでいた実家を相続するということは、まさに相《すがた》を続けることにあたりますし、親のお金を相続することもまた、親の思いを受け継ぐ基盤になるものです。

このように、「相続」には、次の二重の意味があるのです。

1．「相《すがた》」を「続」けるという「精神的な意味」

2．土地や財産を受け継ぐという「金銭的な意味」

世の中では、2の「金銭的な意味」ばかりが相続だと考えられがちです。しかし、相続の本質はそこではありません。亡き人の生き方や考え方を胸に刻んで、よい相続ができるように努めること。それが、遺された人のもっとも大切な役目だと私は考えています。

もちろん、遺された人の間で資産をどう分割して受け継ぐかを考えることは大切です。しかし、金銭的な意味ばかりを考えた相続は、必ずといっていいほどトラブルを起こしてしまいます。

以上のことが、長年にわたって５１００件以上の相続をお手伝いしてきた私の実感です。相続を考える前に、まずそのことを頭に入れておいていただきたいと思います。

「住まない実家」を相続するとかえって損をする!?

相続をすればお金が入って得をする――そう考えている方が多いと思います。

しかし、必ずしもそうではありません。もちろん、得をすることが多いのですが、相続をしたことで、かえって損をすることもあるのです。

かつては、相続する財産のために、子どもたちが骨肉の争いをするという話があちこちにありました。もちろん、今でもないわけではありません。それは、相続すれば必ず得をするという意識がもとになっています。

ところが、最近になって、別の問題が起きてきました。それは、相続することで「厄介《やっかい》なもの」を押しつけられるというケースが増えてきたのです。

その「厄介なもの」というのが、この本のテーマである「住まない実家」です。

預貯金ならば、相続すれば必ず現金が入ってきます。株券や有価証券も、少なくとも財産はプラスとなります。借金の相続という特殊なケースは別として、こうした相続は、少なくとも損にはなりません。

ところが、土地や家屋のような不動産を相続したとなると話は違ってきます。場合によっては、厄介なものを背負いこむことになりかねないのです。

もちろん、相続した家に住むのなら問題はありません。多少の相続税がかかるかもしれませんが、自分の家に住むという大きなプラスがあります。相続税にしても、あとで説明するように、相続した家に住む場合には大幅に軽減される措置があります。

問題なのは、すでに子どもたちがみな自宅を持っているのに、亡くなった親がひとりで住んでいた場合です。そうなると、子どもたちは家を相続しても、そこに住む必然性がありません。結果的に、相続した実家が空き家になってしまうのです。

空き家を維持するには、金銭の面でも手間の面でも、さまざまなコストがかかってきます。維持するための労力や時間もばかになりません。

こうして、「住まない実家」を相続したことで、かえって〝相続貧乏〟になるというケースが増えてきたのです。

空き家を相続する人が増えている背景

今、日本では「空き家」問題が深刻になりつつあります。

２０１４年７月に発表された総務省のデータでは、全国の空き家の数は８２０万戸。総住宅数に占める割合は13・５％となり、過去最高を更新しました。つまり、ほぼ７軒に１軒が空き家となっている計算です。野村総研の試算では、２０４０年にはなんと全体の４割が空き家になるといわれています。

なぜ、こんなに空き家が増えてしまったのでしょうか。

じつは、その大きな原因のひとつが相続にあるのです。

典型的な相続の例を挙げて説明しましょう。

すでにお父さんが亡くなり、お母さんと２人の息子さんという家族です。お母さんは85歳で三軒茶屋（東京都世田谷区）にひとり暮らし。息子さんは２人とも結婚していて、57

歳のお兄さんは北千住（東京都足立区）に住み、55歳の弟さんは青葉台（神奈川県横浜市）に住んでいます。

ここでお母さんが亡くなると、どうなるでしょうか。

息子さんは2人とも自宅を持っています。長男は北千住の住み心地がいいから住み続けていて、次男は青葉台の住み心地がいいから住み続けているわけです。となると、三軒茶屋の家は相続しても、どちらも住まない可能性が高いのです。

可能性が高いというより、こうした場合、実際にはほとんど実家に引っ越すということはありません。いくら実家がいい場所にあったとしても、奥さんや子どもと一緒に、住み慣れた町を引き払うというのは、大きな決断と労力を必要とするからです。

私どもは、相続に関するお手伝いを長年続けていますが、相続人が実家に引っ越したという例は、ほとんど目にしません。

それは、相続後のアフターフォローとして、セミナーやコンサルティングをしている過程でわかります。お知らせの郵便物をお送りするときに、もし実家を相続していたら、相続人に送る郵便物の宛て先が、被相続人（つまり亡くなった方）の住所に変わっているはずです。ところが、そうした例がほとんどないのです。

例外的に、亡くなった地主さんで、子どもが同じ敷地内に住んでいた場合には、子どもが実家に移ることで空き家にはなりません。しかし、50坪ほどの一軒家に母親がひとり暮らしをしていたというケースでは、そこに子どもが移ったというのは、ほとんど印象にないというのが正直なところです。

さらに、『週刊東洋経済』（2014年12月20日号）には、実家を片付けるきっかけの半分以上は相続に関係しているとあります。

持ち家のある人が「実家」を相続している

相続によって空き家が増えたのは、親が長生きになったことと関係があります。

2013年の事例では、亡くなった方の年齢は70歳以上が全体の88%。80歳以上だけを見ても65%に達していました。一方、二次相続の相続人の年齢の中位数は62歳でした（税理士法人レガシィ調べ）。

大ざっぱにいって、現在の親から子への相続というのは、親が80～90代、子どもが50～60代というパターンが大半といってよいでしょう。

そして、日本の持ち家率は約8割といわれています。50代ともなると、大半の人が、一軒家にせよマンションにせよ、自宅を持っています。ですから、親から相続した実家に住む必要がないのです。

もしこれが、50代の親が亡くなって、別居していた20代の子どもが相続するのなら話は別です。20代で持ち家のある人は少ないので、実家に引っ越す可能性は高くなります。それなら空き家は増えません。

かつては、このように20代、30代で親を亡くしていた人が多かったので、今ほど空き家は増えませんでした。ところが、寿命が延びたために50代、60代で相続することが多くなって空き家が増えてきたというわけです。

先ほどは2人の息子の例を挙げましたが、ましてや2人とも娘ならば、ますます実家に引っ越す可能性は低くなります。結婚している50代の娘が、親が亡くなったからといってお母さんの実家に旦那さんと子どもを連れて行くかというと、これはやはり例外的なケースでしょう。

もし、世の中に「家は借りるものだ」という感覚が一般的になれば、空き家は減ると私は考えています。50代、60代でも借家や賃貸マンションに住んでいれば、相続によって実家に戻る人は確実に増えるはずです。

ところが、今の50代あたりは、まだまだ持ち家志向が強いようです。かつては、いい年をして借家に住んでいると、親戚から「あの婿《むこ》はなんだ？　家も建たんのか」といわれましたが、その名残がまだまだあるようです。とくに、高額所得者に自宅所有意識が強いようで、お金を稼いだら、まず家やマンションを買うというのが当然のことのように考えられています。

諸外国を見てみると、必ずしもそうではありません。驚くほどの金持ちも、「そのうち飽きるから」などといって、家を借りて住んでいる人が多くいるのです。

日本では逆に、「お金がない人が家を借りている」という意識がまだ一般的です。そうした意識もまた、空き家問題の原因のひとつだと私は考えています。

土地とお金、相続するならどっち？

昔は、相続して実家を手に入れれば万々歳でした。

バブル崩壊前は、「土地とお金どっちがいい？」といわれれば、誰もが「土地」と答えていました。土地の価格はつねに右肩上がりだという「土地神話」が信じられていたからです。

ところが、バブルがはじけるとともに、そうした土地神話も崩れました。所有する土地の価格は、時間がたっても上がらないどころか、下がることも珍しくなくなったのです。しかも、土地や家屋は、固定資産税をはじめ、維持のコストがかかります。

そういう時代になると、「お金がいい？　土地がいい？」と問われると、「お金」と答える人が多くなるのは当然です。しかも、相続した家に住まないのですから、コストがかかるだけ損になってしまいます。

そうして、きょうだいで「実家」を押し付け合う時代になったわけです。

相続で現金をもらえれば、処分する（つまり、お金を使う）費用もいりませんし、維持費もかかりません。預金している金融機関が破綻するリスクはありますが、決済性預金の口座に預けておけば、利息がつかない代わりに預金の全額が保障されるので安全です。しかも、何に使ってもよいというメリットがあります。

ところが、相続で不動産をもらうと、元本保証がありません。相続した時点より下がるケースもあります。また、売買するときには仲介手数料がかかりますし、名義変更するときにもお金がかかります。

今の時代、不動産を相続するよりも、お金を相続するほうがはるかにメリットは大きいのです。

こうした手間やリスクもまた、実家を押し付け合う原因になっています。

もちろん、子ども2人が相続したときに、1人が持ち家で、1人が持ち家でないという場合には、押しつけ合う可能性は格段に減ります。持ち家でない人が相続すれば、そこに住むことができますし、税法上も有利になるからです。

相続は不動産が6割。だからモメる！

相続がモメる原因は、不動産がからんでいるためです。

なぜなら、不動産は分けにくく、換金しにくいからです。

たとえば、首都圏における典型的な例として、亡くなった母親から、6000万円相当の不動産と、2000万円の預貯金を2人の息子が相続したとしましょう。

「預貯金が2000万円もあるというのは特別な例だろう」と思われるかもしれませんが、

けっしてそんなことはありません。

私たちは、首都圏で80代で亡くなり、一軒家を持っている人の統計をとりました（レガシィ一軒家モデル）。それによれば、平均で約２０００万円の預貯金を持っていることがわかったのです。生前に子どもにはいわなくても、亡くなってからの私たちの遺産調査によって、だいたいそのくらいの蓄えがあるのです。このことについては、また改めて説明します。

さて、話をもとに戻しましょう。

兄が不動産を相続して、弟が預貯金を相続すると、計算上、兄のほうが４０００万円多く受け取ることになります。これでは弟は不満ですから、相続額を均等にするために２０００万円を現金でほしいというかもしれません。

ところが、兄は不動産を相続したからといって、手元に現金があるとは限りません。弟に２０００万円を支払うためには、不動産を売却するほかありません。しかし、すぐに売れるとは限りませんし、急いで売ろうとしたら買い叩かれる可能性もあります。そもそも、思い出の詰まった実家を、いくら住む予定がないからといって、そう簡単に売ることができるでしょうか。

ここに不動産相続の大きな問題があるのです。

「それなら、預貯金を半分に分けて、不動産はきょうだいで共有すればいいじゃないか」といわれるかもしれません。しかし、不動産を共有することほどややこしいものはありません。

共有という言葉は、「共に有する」と書きますが、私たち税理士は〝キョウユウ〟はむしろ「競誘」という字のほうが適当じゃないかと思っています。つまり、「競い」を「誘う」という意味です。

たとえば、きょうだい2人で不動産を共有した場合、家屋を修繕するにしても建て替えるにしても、お互いの意見が合わないと何もできません。

ましてや、売却となると、まず意見は一致しません。「住まない実家ならば、いつかは売るしかないか」という結論に至ったとしても、売る時期や金額で争います。

「現金がほしいから今すぐ売りたい」という人もいれば、「急ぐと買い叩かれるから、もう少し待とう」という人もいます。また、リフォームして売ったほうがいいのか、そのまま売ったほうがいいのかという意見の違いもあります。

いずれにしても意見が合わないのが人間なのです。私がこれまで見てきた限りでは、他人よりもむしろ、身近な存在であるきょうだいのほうが、なかなか意見が合いません。

どうやら、「赤の他人が何をやろうと構わないが、身近な人間が自分勝手なことをやると腹が立つ」という意識が働くようなのです。

しかも、その分けにくい不動産が、平均して相続財産全体の６割を占めているというのですから、どうしても相続がモメやすくなってしまうのです。

端境期にある「本家」「分家」という意識

本家・分家の意識もまた、相続でモメる一因になっています。

戦前の日本は、本家が実家を相続することに決まっていました。本家のもとに、不動産や先祖から受け継がれてきた品々を残すのが当然と考えられていたのです。この「本家相続」は、戦前の旧民法にも規定されています。

一方、戦後の民法では、きょうだいが平等に相続する「均分相続」が定められています。ところが、法律では均分相続となっていても、意識のなかでは本家相続が根強く残っているところに問題があるのです。

現在、亡くなっている80～90代は、旧民法で育ち、旧民法での相続を意識されてきた方々です。そして、相続人となる50～60代は、戦後生まれとはいえ、両親による本家相続の意識のもとで育てられました。

地方はもちろんのこと、東京でも郊外の地主さんには本家相続の考え方が強く残っています。本家は長男が継いで続いていくのが当然のことであり、次男や長女、次女は分家として出ていくものだと無意識のうちに考えているのです。

たとえば、３人きょうだいの場合、本家がほとんどを相続して分家は相続放棄に近いという状態もありますし、本家が７割ほどをとって残りを分家が分けるというケースもあります。

実際に、私どもがお手伝いした相続では、２０１０～２０１３年の４年平均で本家相続(長男以外の人が本家を継ぐ場合も含む)が全体の58％、均分相続が42％というデータが出ています。

さらに、資産５億円以上の家に限れば、さらに本家相続の比率が増えます。全体の75％、つまり４分の３が本家相続となっているのです。

もちろん、相続するメンバーがみな、本家相続で納得していれば問題はありません。と

変化しつつある「本家」「分家」意識

●全体

①2013年と過去4年平均

本家均分	内訳	割合	4年平均
本家相続	長男中心	62%	58%
	他の人中心		
均分相続	小計	38%	42%
	合計	100%	100%

②過去4年間

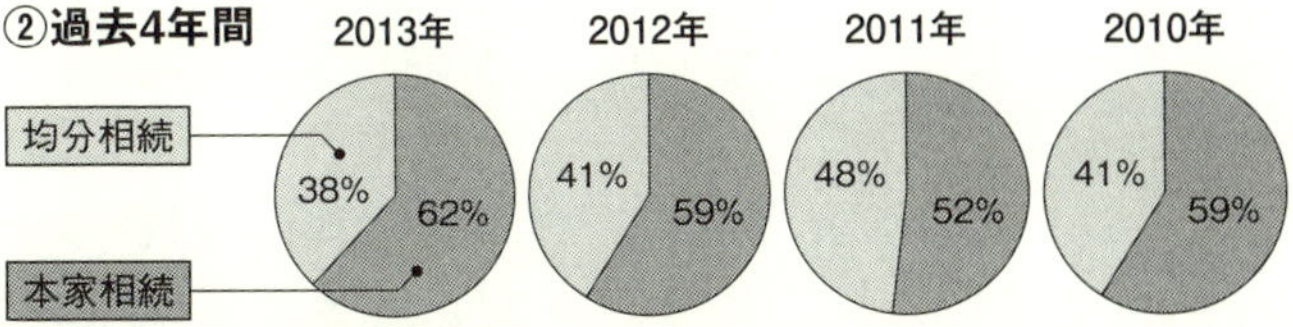

●課税価格5億円以上の場合

①2013年と過去4年平均

本家均分	内訳	割合	4年平均
本家相続	長男中心	79%	75%
	他の人中心		
均分相続	小計	21%	25%
	合計	100%	100%

②過去4年間

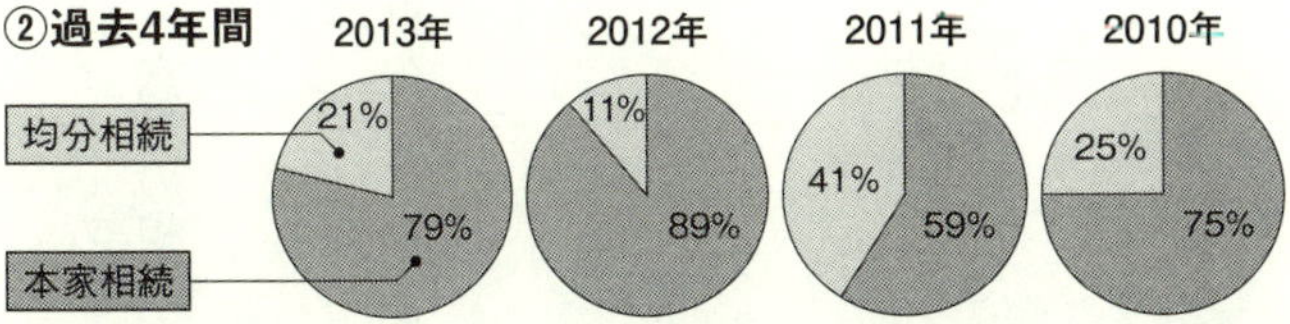

「本家相続」とは、長男（もしくは商売継承者、同居者）が中心として相続する方法。「均分相続」とは、子どもに均等に相続するという考えに基づき相続する方法。まだまだ本家相続が主流だが、均分相続が増えている年もある。
※均分相続のデータは「子どもなし、相続人が1人や未分割の場合」を除外。

（税理士法人レガシィ調べ）

ころが、そうでないところにモメる原因が出てくるのです。きょうだいのなかに、本家相続が当然だと考える人と、均分相続が当然だと考える人がいれば、意見の相違から争いが起こるのは必然です。

戦後、新しい民法が制定されて70年、まだまだ法律が現実に追いついていないと考えるべきか、ようやく定着してきたと考えるべきか、いずれにしても現在が本家・分家という意識のちょうど端境期《はざかいき》にあると私は考えています。

個人的な意見ですが、もう30年もたてば「本家」という言葉は死語になっていることでしょう。家を遺すという意識も、今の時代が最後かもしれません。墓守《はかもり》、代々という感覚もやがて消えていくのではないかと思います。

そうした流れは、最近のお墓を見れば、よくわかります。

これまでは、四角い墓石に「○○家の墓」と書いてあるのが当たり前でした。ところが、最近ではずいぶん変わったお墓が増えています。故人の好きなものを形にした墓もあれば、「縁」や「絆」「愛」などという字が彫り込まれていることもあります。

なぜそういう墓が増えてきたかというと、両家の墓を一緒にしているために、もはや「○○家」とはいっていられなくなったことが、ひとつの理由です。

割り切ってしまえば、ロッカー型の墓でもいいのですし、散骨をするやり方もあります。そういうことを考えると、30年先は家を守る、家督を継ぐという考え方もやがては消えていくと私は思うのです。

しかし今は、まだ本家相続にこだわる人が多いのでモメるわけです。

こんなきょうだい構成は要注意

きょうだいの構成によっても、相続でモメる大きな原因になります。きょうだい構成が本家意識とからんでくるからです。

モメにくい構成は、第一子が長男、第二子が次男、第三子が長女という場合です。とくに、長男が同居していると、まずモメません。伝統的な本家・分家意識では、長男が跡を継ぐというのが一般的ですから、その長男が一番上で、しかも同居をしていれば収まりがいいのです。その人が土地や家屋を受け継ぐことに異を唱える人はいないでしょう。

ただ、第一子が長女、第二子が次女、第三子が長男となると、多少問題が出てきます。本家意識の強い親だと、男子に財産を相続させたいかもしれません。しかし、きょうだいにも年功序列があるので、長女はおもしろくありません。

第三子であっても長男が同居していればいいのですが、長男が親とは別居していて、その長男に財産を継がせたいとなると、モメる可能性が高くなります。ましてや、長女や次女が同居しているのに、別居の長男が継ぐとなると、間違いなくモメます。

親と同居するというのは、並大抵の苦労ではありません。息子（娘）夫婦は50代になっても旅行はおろか、外食もなかなかできません。ひとりになったお母さんを留守番させるのも気が引けますし、万一のことがあったら大変だからです。何年、何十年にもわたる束縛の連続といってよいでしょう。

そうした苦労をした人には、多めに相続させるというのは自然な感覚です。

なかには、「でも、同居をしていたから、孫への贈与もずいぶんあったんじゃないの？」と嫌みをいうきょうだいもいるかもしれませんが、そういう人に対しては、「じゃあ、いくらもらったら同居する？」と同居しているほうは言い返すことができます。

そういわれたら、沈黙するしかありません。それほど同居が大変だということを誰もがわかっているので、同居していたきょうだいに財産を多く相続することは、話し合いをしていくうちに理解されます。

ただし、別居していて「自分は本家だ」といいはじめると、ややこしくなってしまうのです。

あえてモメることを避ける人もいる

一方、きょうだいのなかでも、仕事や趣味など、強い関心事がある人は、モメることを嫌う傾向があります。時間が貴重だからです。

私のお客さんで作家の方がいて、相続の相談にいらっしゃったときに、最初にこういわれました。

「私はともかく文章を書きたいんです。執筆に集中できるようにするにはどうしたらいいですか」

もちろん、相続がゼロでもいいというわけではないでしょうが、相続でモメる時間がもったいないということは理解できました。非生産的なことに心を奪われるより、いい仕事をしたいのです。

趣味がある人も同様です。たとえば、釣りが好きな人は、無心に魚と向き合っていたいもの。「なぜ、相続のモメ事を考えながら釣りをしなきゃいけないんだ。冗談じゃない」という方も実際にいらっしゃいました。

このように、芸術家でも趣味人でも仕事人間でも、強い関心事を持っている人は相続で時間をつぶされるのを嫌がります。そうした人たちがきょうだいに多くいると、モメにくいはずです。

逆にいえば、趣味も仕事もなく、時間に余裕のある人がきょうだいにいると面倒です。モメる可能性は高くなります。

加えて、親が遺言書を書いていると、明らかにモメにくくなります。この本の冒頭で、「相続」とは、親の「相《すがた》」を「続」けることだと書きました。遺言によって、親の意思がわかれば、きょうだいはあまりモメません。

もちろん、遺言書があれば、必ずしもすべてが即座に解決するわけではありません。第3章で説明するように、法律上の遺留分の問題があるからです。

それでも、遺言書で親の考え方や方針が示されていれば、たとえモメたとしても、それほど面倒なことにはなりにくいのです。

「介護」も空き家になるタイミングのひとつ

実家をどうするのか。その扱いを考えるタイミングは相続のときだけではありません。つまり、親が亡くなったタイミング以外にも、実家について考える機会があるのです。

それは、親が介護施設に入り、実家が空き家になったときです。親が実家にひとり暮らしをしている場合、親が介護施設に入ってしまうと、事実上、その時点で実家は空き家になってしまいます。そこで、実家の扱いをどうすべきか悩むことになります。

私の事務所にも、この段階で相談にくる方が増えています。

こんな例がありました。神奈川県の茅ヶ崎市でひとり暮らしをしているお母さんが、介護施設に入ったということで、実家をどうすべきかという相談にいらっしゃいました。相談に来た方は東京都の三鷹市に住む62歳の長男で、弟さんが埼玉県の浦和市に住んでいます。

2人とも持ち家があるので、引っ越しするつもりはありません。実家をどうするか、弟と話し合う前に、頭の整理をしておきたいということでした。

この場合、実家の扱いは次の3通りが考えられます。

1. 貸す
2. 売る
3. 空き家のままにする

順番に考えていきましょう。

税額や税率については、第3章でもう一度まとめて説明しますので、ここではあまり考えずに読んでいただいて結構です。

まず、貸す場合です。空き家になった実家を貸せば、家賃収入が入ります。しかも、貸家にすると、建物の相続税評価は30%引き、土地はこの場合15%引き、さらに小規模宅地の評価減により50%引きになります。確かに、貸せば税金上は有利です。

しかし、貸す決断は非常に難しいのです。なぜなら、お母さんは介護施設に入っているのですから。施設から出てくることもありえます。事実上、そうした可能性は低いとはいえ、心情的になかなかできることではありません。

売る場合も同じことがいえます。施設を出ることはなくても、「たまには、家のヤマブキを見たいなあ」というように、一時的に家に戻りたくなるという話はよく聞きます。そんなとき、「もう家を売ってしまったよ」なんていうわけにはいきません。

ただし、その不安を別にすれば、お母さんの土地・建物を預金に変えることができます。住まなくなってから3年目の年末までに売れば、居住用の特例が使え、譲渡益3000万円まで課税されません。つまり、売ったときの税金が安くなるのです。

それをすぎて売ると、譲渡益（もうかったお金）に対して20・315％の税率で課税されます。

「だから、3年以内に売ったほうが得だ」ということがよく雑誌や書籍で書かれています。しかし、実際にそうする人は、まずいません。心情的に、お母さんがいつでも戻れるようにしておきたいからです。

それでも、一応、そういう制度があるということは、情報として頭に入れておくとよいでしょう。場合によっては、介護施設での費用を捻出するために、家を売る必要に迫られることもあるかもしれません。

結局、選択肢は3つあっても、貸せないし売れない。実際には空き家のままにするのがほとんどです。こうして、また空き家が増えていくわけです。

第2章

「住まない実家」のしまい方にはコツがある

「住まない実家」でも、すぐに売らない人がほとんど

誰も住まなくなった実家を、あなたはすぐに売ることができますか？

おそらく、ほとんどの人は「できない」と答えるでしょう。

それが当然の心情だと思います。実家というのは、自分が生まれた家であり、親と一緒に長年過ごした思い出がしみついた家です。

それを、親が亡くなって、誰も住む人がいなくなったからといって、すぐに売るという割り切りはできないのが普通の人の考え方です。

ところが、雑誌の相続特集や不動産コンサルタントが著した単行本などでは、「住まない実家はすぐに売ったほうがいい」とよく書かれています。

確かに、税制上では早めに売ったほうがいい場合が多いのです。誰も住まなくなっても、不動産を相続した人には固定資産税がかかりますし、維持費もかかります。売ってしまえば、そうした費用もかからず、面倒がありません。

しかし、実際には少なくとも1年はそのままにしているケースが圧倒的です。もちろん、

きょうだいにお金を払うために土地を売らなくてはならないなど、緊急にお金が必要なために、すぐに売る人もいますが、それは全体の2、3割程度です。

相続のスケジュールを考えても、なかなか売る決心がつかないことは、よくわかります。なによりも相続税の申告期限が、亡くなってから10カ月です。第3章で説明するように、そこまでは長いように見えて、あっという間です。多くの場合、10カ月ぎりぎりまでかかりますから、それまでに売る例はあまりありません。

そして、当然ながら、名義変更はきょうだいの間の遺産分割協議が終わってからでなくてはなりません。となると、少なくとも土地や建物の名義が変わるのは、早くて1年近く後になるわけです。結果的に、少なくとも一周忌までは売る余裕もないというのが実情なのです。

時間を置くことに意味がある

私の長年の経験からいうと、「住まない実家」をすぐに売ることは、あまりおすすめしません。

私どもには、相続不動産専門のコンサルティング部門があって、相続する不動産の評価のみならず鑑定などのお手伝いもしています。そこでは、相続税のご相談はもちろん、相続後の不動産の扱いについてもご相談を受けるのですが、私たちは「相続後すぐの売却はおすすめしない」という心境でお手伝いをしています。

もちろん、相続したご本人が、「構いません。売ります」とおっしゃるのなら、反対する理由は何もありません。ただ、私たちのほうから、「住まないのなら、すぐ手放したほうがいいですよ」ということを、すすめることはありません。それでは、お客様の心に寄り添っていない感じがするのです。

一般的に、気持ちの整理がついて、「売る」というステップまでいくには、空き家になってから2、3年はかかります。

小さい頃「大きいなぁ」と見上げていた梅の木が案外大きくないと気づいた庭、母が描いてくれた自分の肖像画が飾られている居間——どれをとってもすぐ売る気にならないお気持ちはよくわかります。

もっというと、近隣から苦情をいわれて、どうしても維持できなくなって、やっとあきらめがつくというケースが多いのです。

「でも、不動産の仕事をしているなら、どんどん土地を売らせたほうがもうかるのではないか？」という疑問を持つ方もいらっしゃるでしょう。

その疑問に答えるために、そもそもなぜ私どもが不動産部門をつくったのかを説明することにしましょう。

本来、私たちは相続を専門として、遺産調査や相続税申告などのお手伝いをする税理士法人で、その分野では今でも日本一の数字を上げています。

ただ、不動産の売却については、専門家である不動産屋さんや宅地建物取引業者さんにお願いしていたのです。ところが残念なことに、紹介した先が、お客様からあまりいい評判が得られなかったのです。

理由は明らかでした。不動産の仲介業者というのは、売ってはじめて収入が得られる商売です。それまでは、入金がないのに前倒しで動かなくてはなりません。

お客様の「売りたい」「買いたい」という要望に従ってどれだけ動いても、肝心の売買が成立しないとお金が入らないのです。ですから、預かった物件はなんとか売却までこぎつけようとして、無理をしがちなのです。

そこで、お客様の不興を買ってしまうわけです。みなさんも不動産仲介業者とお付き合いなさるときは、この点をよく頭に入れるようにしていただきたいと思います。

それに対して、私たちのような税理士法人では、相談を受けて契約に至れば、そこで着手金を受け取ることができます。もちろん、契約をしないということであれば着手金は手に入りませんが、動く必要もありません。契約前の営業提案も1、2回はありますが、たいした手間やリスクではありません。

そうした経緯があって、それなら自分たちで不動産の売買も担当したらどうかと考え、2007年に、相続不動産を専門に扱う部署をつくる決断をしました。税理士を本分とする私たちが不動産を扱うことで、売り急ぐことなく、遺族の気持ちに立った売却ができるようにしたかったのです。

「売れない」ではなく「売らない」空き家も増えている

空き家問題というと、地方の話だろうと思い込んでいる人も多いかもしれません。

確かに、地方都市に行くと、かつて賑《にぎ》わっていた商店街の多くが、シャッター通りと化していますし、山間部に近いところでは限界集落が問題となっています。

しかし、今や、空き家は地方だけでなく、東京や関西のような大都市圏でも着実に増えているのです。

地方と大都市圏において、空き家が生まれる理由には、次のような大きな違いがあります。

・地方の空き家……「売ろうと思っても売れない」「貸そうと思っても貸せない」ために空き家になる

・大都市圏の空き家……「売らない」「売ろうとしない」「貸そうとしない」ために空き家になる

すべてがこのパターンとはいえませんが、だいたいこう考えて間違いありません。

つまり、地方の空き家は、値段がつかないために売れないケースが大半。それに対して、大都市圏の空き家は、「住まない実家」を相続したうえで、何年もそのまま所有しているというケースが多いのです。

逆にいえば、土地を売らなくても相続税が払えている人が多いのです。

第1章では、80代で亡くなる人の多くが、約2000万円の預貯金を持っていると書きました。

たとえば、ひとり暮らしのお母さんが、不動産4200万円、預貯金2000万円を遺して亡くなった場合、2人の子どもは200万円の相続税を払えば、残りの1800万円を2人で900万円ずつ分けることができます。これで、家はそのまま遺せます。

その後、しばらくは遺品整理に時間をとられることでしょう。切羽詰まって売る必要もないので、そのまま1年たち、2年たつということは、前にも書いたとおり、けっして珍しくありません。

ところが、2年もたってくると、近所から苦情が寄せられるようになります。水たまりに蚊がわいている、垣根の木がぼうぼうになっていて景観が悪い、知らない人が入り込んでいて怖い……。たまには家に通って手入れをしているつもりでも、こうした話が出てきて、維持するのがおっくうになってきます。

自宅と別にもう一軒所有しているというのは、結構厄介なものです。別荘を持っているのと同じと考えるといいかもしれません。

別荘には管理人がいますが、では都会の空き家にはそうした管理人はいないかといえば、じつは専門の管理サービスがあるのです。

それが、空き家管理サービスです。不動産仲介業者が運営するもので、定期的に空き家を訪れて、空気を入れ換えたり、下草を刈ったりして維持管理してくれます。実際にどのようなことをしてくれるのかは、各社のホームページを見てチェックするとよいでしょう。「空き家管理サービス」で検索すれば出てきます。

管理はどこも積極的にやってくれますので心配はいりません。というのも、相続の関係で空き家となった家というのは、近い将来、売りに出される可能性が高い物件です。不動産仲介業者にとっては、「ここで評判を得て売却も当社でやってもらおう」と、真剣にやってくれるからです。

もちろん、売らなくても構いません。どちらにしても、「住まない実家」をきれいに保つことは大切です。自分で維持するのがおっくうならば、そうしたサービスも検討してみるとよいでしょう。

実家を有効活用するあの手、この手

「住まない実家」を無用の長物にしない活用法は、いくつかあります。

お金に余裕があれば、家を売らずにそのまま維持して、亡くなったお母さん（あるいはお父さん）の〝記念館〟にするというのもひとつの方法です。

お母さんが生きていたときと同じ状態で維持をして、居間に家族の歴史を彩る写真を飾ったり、お母さんが好きだった絵手紙や、裁縫の作品、草木染めの作品などを飾るわけです。

こうして、たとえばお母さんの名前が星野道子さんという人ならば〝星野道子記念館〟、斉藤文子さんならば〝斉藤文子記念館〟とするわけです。

もちろん、他人に公開する記念館ではなく、家族にとっての思い出の館とするのです。ときどき実家にやってくれば、お母さんとの思い出に浸ることができます。お母さんが遺されたお金があれば、当面の維持費はまかなえるでしょう。

お母さんの記念館があれば、家族の歴史をたどる「よすが」にもなります。たとえば、幼い頃植木市で買ってきた小さな木が、今では自分の背丈よりも何倍もの大きさに育ったのを見れば、昔を思い出す場となるでしょう。また、親戚縁者が正月や法事などで、集まりをする場としてもいいと思います。

さらに、自分の子どもに、「お父さん、ここで育ったんだよ」といったことをいえる場所にもなります。自分の子ども、つまり亡くなった人の孫にとっては、そんな場所があったら楽しくてたまらないでしょう。たとえ、そのときにはピンとこなくても、成長するにしたがって、心の奥にいい思い出として遺るはずです。

まさに、相続――「相《すがた》」を「続」けるにふさわしいやり方ではないでしょうか。

先ほどは、お金に余裕のある人向けのように書きましたが、家の売り手や借り手がなかなかつきそうにない地方の人にとっても、こうして「住まない実家」を記念館として遺すこともひとつの方法だと思います。もともとの地価が安いのですから、固定資産税もたいしたことはありません。

私が思うに、これは「前向きの片付け」です。普通、片付けというと、捨てることばかりというイメージがありますが、こうして思い出をしっかり遺して、さらには次の世代に受け継いでいく片付けがあってもよいと思います。

自分の子どもへの情操教育の場としても貴重です。空き家が増えていく時代だからこそ、むしろ、それをうまく利用する方法を考えてみてはいかがでしょうか。

じつは、親の記念館にする方法は、生前から実施しておくと、税制面でも有利なことがあります。親にとって居心地のいい空間にするために建物のリフォームをすれば、それが相続対策にもなるためです。詳しくは、第4章でご紹介します。

「住まない実家」は金食い虫!?

とはいえ、「住まない実家」を維持するのは、簡単なことではありません。最大の問題点は、「お金を生まない」ことにあります。

売却や賃貸をすれば、相続した土地や建物からはお金が入ります。しかし、そうでなければお金を生むことはありません。いやそれどころか、「住まない実家」は次に示すように、お金がかかる資産なのです。

①相続税が割高になる

もし、相続した家に住むということであれば、「小規模宅地の評価減」という制度が適用されます。土地の評価額が８割安くなり、それに応じて相続税も軽減されます。しかし、住まないのであれば、この制度は適用されません。

②家や庭のメンテナンスに手間や費用がかかる

前にも述べたように、人が住まない家はすぐに荒れてしまいます。きれいに保とうとするならば、ときどき訪ねては、窓を開けて換気したり、雑草をとったりする必要がありま す。空き家管理サービスもありますが、それも当然費用がかかります。

③実家に通う交通費がかかる

家や庭をメンテナンスする場合、実家が遠距離にあると交通費もばかになりません。時間もかかってしまいます。

④解体費がかかる

空き家をそのままにすると、やがて周辺から苦情が持ち込まれるようになります。そうなると最終的には解体するということにならざるをえませんが、その場合には解体のための費用がかかってしまいます。とくに壁などにアスベストを使っているものになると、そのコストは大きな負担となります。

以上のように考えると、「住まない実家」は、資産というよりも不良資産といったほうが適当かもしれません。

記念館にできれば、精神的には遺された家族にとっての心のよりどころにはなります。しかし、経済的に見れば、やはり残念ながら〝金食い虫〟でしかないのです。

「空き家問題」の根底にある税金のルール

じつは、空き家が増える一因に、解体費と税金の問題があります。

解体費については、先ほど述べたとおりです。いくら「住まない実家」は荒れてしまうからといって、わざわざ解体費を払って更地にしようという決断はなかなかつきません。

しかも、税制面からいうと、土地を更地にすると税金が上がってしまうのです。建物がある場合にくらべて、更地では固定資産税が6倍弱になります。

「税金が高くなるのに、金を払ってまで解体するのはばかばかしい」と考えるのは無理もないでしょう。

しかも、もともと実家を壊すことには心情的に抵抗があるのですから、「じゃあ、しばらくそのままにしておこう」という結論になるのは、ごく自然な成り行きです。

ただし、空き家が増えていくと、住環境の悪化が問題となっていきます。住宅密集地では、老朽家屋の倒壊による事故が起きたり、地震や火事などの際に災害を広げることにもつながりかねません。また、空き家の増加は不法侵入や放火などの犯罪を招く遠因ともな

特定空家の固定資産税はこう変わる

〈具体例〉

（平成27年度税制改正大綱より）

	土地	建物	計
空家（従前）	1,000万円×1/6×1.4%＝23,333円	200万円×1.4%＝28,000円	51,000円
更地	1,000万円×70%×1.4%＝98,000円	−	98,000円
空家（改正後）	1,000万円×70%×1.4%＝98,000円	200万円×1.4%＝28,000円	126,000円

（注）土地は200㎡以内で評価額1,000万円、空家200万円。更地評価額の70%に課税。

特定空家とは、そのまま放置すれば倒壊等著しく保安上危険となるおそれのある状態または著しく衛生上有害となるおそれのある状態、適切な管理が行われていないことにより著しく景観を損なっている状態その他周辺の生活環境の保全を図るために放置することが不適切である状態にあると認められる空家等をいう。
特定空家は更地にしないと固定資産税の負担が増え、建物を取り壊すと負担が減る。

り、治安の悪化も懸念されます。そうしたことが重なれば、周辺地域の資産価値低下や、地域のイメージ低下につながってしまいます。

そこで、自治体によっては、空き家を更地にするための方策を打ち出しているところがあります。具体的には、空き家を取り壊す際の解体費を補助したり、固定資産税アップに猶予を与えたりといった動きが出ています。

一例を挙げると、東京都足立区では老朽家屋を解体するための補助金を支給。新潟県の見附《みつけ》市では、固定資産税の税額アップを2年間猶予しています。

固定資産税というのは自治体の最大の収入源です。それを軽減してまで空き家を減らそうということは、それだけ空き家問題が深刻になっていることの裏返しともいえるでしょう。

また、平成27年度税制改正大綱では、次のように決まりました。

政府は固定資産税の仕組みを変えて、空き家の減少を目指します。具体的には、特定の空き家には住宅が建っている土地の税負担を6分の1にする特例の対象からはずします。すると改正後、約2万3000円だった土地の固定資産税が9万8000円になります。

次に建物を壊すと家屋分の固定資産税が2万8000円下がります（前頁の具体例参照）。

今までの、建物を取り壊すと土地の固定資産税が上がるという制度を廃止し、建物を取り壊すと固定資産税が減少する制度になりました。

「住まない実家」を売るなら3年以内がおすすめ

「住まない実家」も、いつかは手放すときがやってきます。

ひとつは経済上の理由です。

実家を維持する費用が、自分の生活を圧迫してしまうようになると、いくら実家や親に対する思いが深くても、手放すよりほかにありません。

あるいは、売ったお金で自宅を新築したい、新しい事業に使いたいというように、具体的な使い道が見えてきたときに手放すことも多いようです。

もうひとつは、前にも書いたように、家の手入れができなくなって、近隣に迷惑をかけているときです。

「住まない実家」の売却は、３年目が目安になります。

なぜなら、住まなくなってから３年目の年末までに売ると、売買金額にかかる税金が安くなるからです。

居住用の特例という制度があって、譲渡益３０００万円までは課税されません。それ以後になると、20・３１５％の税率で譲渡益に課税されます。つまり、手取りは約８割に減るわけです。

確かに、３年目というのは、ちょうどいい区切りかもしれません。もちろん、３年目になったからといって、踏ん切りがつかなければ無理に売る必要はありません。それでも、売買価格の８割は手元に残るのですから、拙速に売って後悔するよりはいいでしょう。

でも、それまでに売れば税金の優遇があるという事実だけは、頭の隅に入れておいてください。

いっそ、タダで手放すことはできるのか？

「空き家が金食い虫だとわかっているなら、いっそのこと相続の際に、タダで手放すことはできないのか？」

まれに、そういう相談を受けることもあります。これには、いくつかの方法が考えられます。それぞれについて考えてみましょう。

①相続税を不動産で「物納」する

売却可能な不動産であれば、現金の代わりに相続税を不動産で納めることができます。これを「物納」といいます。ただし、お金の持ち合わせがあるとできません。もし、持ち合わせたお金が事業などで使用するものであるならば、その説明が必要です。

バブル崩壊までは、土地の価格は右肩上がりでしたから、国としても物納された土地を容易に転売することができました。ところが、バブルが崩壊してからは、売れない土地は国もほしくないということになったのです。

ですから、田舎のどこかの土地を物納しようとしても、不動産屋さんが売れないような物件だと、物納不適格財産として断られてしまいます。

もっとも、評価額の低い地方の物件では、そもそも相続税自体がかからない場合も多くあります。かからなければ物納するかどうかで悩む必要はないわけです。

ちなみに、物納の収納価額は、相続税の評価額となります。ただし、土地の場合は相続税の評価額より高く売れるケースもあるため、土地を物納するよりも誰かに売却したほうがいい場合もあります。

そのあたりは、税理士や不動産鑑定士などと相談して、よく検討することをおすすめします。相続税の評価額より高く売れる土地もあれば、それよりも低くしか売れない土地もあるためです。

ただし、不動産仲介業者は、もちろん物納は扱えず、売却だけが仕事の範囲です。ですから、「物納などしないで売却しかありませんよ」とすすめることでしょう。そのことは頭に入れておく必要があります。

②不動産を寄付する

売却と同じくらい手間はかかりますが、自治体に寄付をする方はいます。もっとも寄付にふさわしいのは、緑豊かな山です。とくに、首都圏近郊ならば、緑地保全という目的があるので山や丘は寄付しやすいといえます。

一般の民家については、あまり寄付の例がありません。伝統的な建造物や土地ならば、自治体も寄付を受けますが、そうでなければ、タダでも嫌だといわれるかもしれません。

③親戚や隣人に贈与する

意外とあるのがこの例です。贈与したほうはお金をもらっていないのですから、税金はかかりません。贈与税は、不動産の評価額をもとにして、贈与された相手にかかります。

評価額が110万円未満であれば、贈与税はかからず相手も支払う必要はありません。ただし、贈与する面積にもよりますが、都会の土地では評価額110万円未満ということはないでしょう。原則として相手にかかると考えたほうがいいでしょう。

よくあるのが、「あそこにあるお墓をもらってほしい」といって、親戚で面倒を見てくれている人に渡すケースや、「あの裏山はお金にならないから、もらってくれる?」というケースです。

地方では、こうした墓地や山は評価額が110万円未満の場合が珍しくありませんから、その場合はスムーズに話が進むはずです。

あえて生前に家を手放すという選択

まれなケースですが、生きているうちに家を売る決断をする親御さんがいらっしゃいます。子どもたちに面倒をかけるくらいなら、相続する「実家」をなくしてしまえばいいという考え方です。

それ相当の覚悟が必要な決断ですが、これはこれでひとつの見識だと私は思います。

たとえば、以前から私たちがご相談に乗っていたご家庭の話ですが、先日、お母さんが92歳で亡くなりました。

娘さんが3人いらっしゃるのですが、みなさんご結婚して持ち家があります。普通ならば、「さあ、実家をどうしようか?」という面倒な話になるところですが、どうやら話は簡単につきそうです。

というのも、生前からお母さんが「私が死んだら、家と土地は3人で分けなさい」と繰り返し話していたそうなのです。

おそらく、売却して得た現金を、等分に分けることになるでしょう。

遺言書はありませんでしたが、このように生前にお母さんの意思が確認できていれば、遺産分割の話はスムーズに進みます。

ここで大切なのは、娘3人が顔を合わせた席で、お母さんが繰り返し話をしていたという点です。1人を相手にいっていただけでは、ほかの人が納得できません。しかし、このお母さんは、みんなの前で話していたというのが素晴らしいことでした。

このように、日頃から家訓のようにして、「うちの方針はこうなんだ」ということをはっきりと親が話していると、相続でモメることは少なくなるものです。

なかには、生前に家を売ってしまうという方もあります。それまで大きな家に旦那さんと住んでいた方が、旦那さんが亡くなったのをきっかけに家を売り、小さなマンションに引っ越すというケースはたまにあります。

さらにこれを徹底したのが、以前、私が対談でご一緒した女優の中村メイコさんです。メイコさんの場合、ご主人の神津善行さんは健在ですが、80歳の声を聞いて30年間暮らした自宅を売却して、3分の1の広さのマンションに引っ越したのです。

それだけではありません。それまで家にあった膨大な量の着物や靴をはじめ、グランドピアノから各種の台本、資料まで、次々に手放したというのです。引っ越しの際には、トラック7台分を捨てたとのことです。

メイコさんは、自分でもなかなかできない片付けを、子どもたちにさせるのは迷惑だといいます。確かにそうかもしれません。ましてや、よかれと思って遺した財産が、子どもたちの不和の種になってしまったら本末転倒です。

私たちは、不動産やら写真やら、ものを遺すことこそが生きた証であると思いがちです。しかし、本質はそこにあるのではないとメイコさんから教えられました。

「実家」はなくなっても「家」は遺る

「財産遺して銅メダル、思い出遺して銀メダル、生き方遺して金メダル」という言葉があります。

中村メイコさんは、まさにそれを実践している人だという印象を受けました。

メイコさんは、私との対談で「自分が死んだあとは、誕生日と母の日と命日の年3回思い出して、写真に花を添えてくれたら、それで十分。私も両親や義父母にはそうしています」とおっしゃっていました。

私たちは、どうしても「実家」という思い出の詰まった建物にこだわりがちです。ですから、誰も住まなくなっても、実家を売る踏ん切りがつきません。実家を売ってしまったら、家族の思い出だけでなく、親の思いまでもがこの世から消えてなくなるような気がしてしまうからです。

でも、何度も繰り返しているように、「相続」とは親の意思を続けることです。そう考えれば、「実家」という形にこだわる必要はないと私は思います。

極端なことをいえば、メイコさんのように形あるものにこだわることなく、自分の心のなかに親の思いを継いでいけばいいのです。

もっとも、私たち凡人は、形あるものがまったくないというのでは、少々心細くなりります。そこで大切になるのが、まさに形見ではないでしょうか。たとえ実家がなくなったとしても、形見を受け継いでいくことで、親の思いを引き継げるような気がしてきます。

ですから、形見というのは、相続という考え方において重要な要素なのです。

ヨーロッパに行くと、女性は立派な指輪をしています。お母さんがお嫁さんに指輪をつなぎ、そして、そのお嫁さんが次のお嫁さんにつないでいくという、そういう風習があります。その風習のなかに、形見に寄せる気持ちが込められているのです。

形見分けもモメるきっかけのひとつ

形見は大切なものだけに、モメ事のきっかけになりやすいのです。

もしかすると、男はこうしたことにピンとこないかもしれません。しかし、女のきょうだいが複数いると、しばしばこれが問題となります。

金銭的な価値が問題なのではありません。気持ちの問題なのです。他人が見たらたいして価値のないアクセサリーひとつで、きょうだい仲が険悪になることも珍しくありません。

ですから、相続のお手伝いをしているお客様から、「今日、遺品整理のついでに、2人で形見分けをしてきます」といわれると、私たちはドキッとしてしまいます。

すでに決まってしまったなら仕方ありませんが、もし前もって相談を受けていたら、「形見分けは遺産の分割協議が終わってからのほうがいいですよ」とアドバイスします。

何百万円もする品になると、遺産分割協議の対象となりますが、そうでない品ならば、後回しにして問題ありません。モメ事の種は後回しにすることが、遺産分割協議をスムーズに進めるコツです。

こんな話がありました。亡くなったお母さんには2人の娘さんがいて、生前に長女が一時同居していたことがありました。事情があって1年半ほどでまた出て行ってしまったのですが、その引っ越しのときに、着物を全部持って行ってしまったのです。

確かに、その長女はお茶やお花の会などで、お母さんの家にあった着物を着る機会がよくありました。一方で、お母さんは着る機会がなくなってきました。そうなると、母のものなのか、自分のものなのか、わからなくなってしまうのです。

「もう母も着ないといっているし、この色柄はもう母には派手なので、私たちの年代じゃなくちゃ着られないわよね」などとでも思っていたのかもしれません。

そのことが相続のときにわかって、妹はカンカンになって怒りました。私に対して「あれはいくらですかね?」というのですが、それはお金で解決する問題ではないのです。

私の印象に残っているのは、帯締めひとつで、大モメにモメたきょうだいです。

広い土地があって、預金も何千万と遺したお母さんの相続です。それに加えて、お母さんが遺した着物と帯、帯締め、足袋《たび》と、草履《ぞうり》が並べられました。

財産的な価値からいえば、くらべ物になりません。しかも中古品です。ところが、娘さん2人で、どうやって分けようかという話になると、土地や預金に劣らず、帯締めや草履を巡って争うのです。

土地よりも帯締めのほうに執着する女性は多いのです。これは財産的価値というより、思い出価値なのかもしれません。このケースでは形見分けの戦いとなってしまいました。

お金ではなく愛情を巡って争うことも

女性の名誉のために付け加えておきますと、男性のきょうだいの間でも似たようないがみ合いは起こります。

男には、ものではなくて、過去の出来事で険悪になることがあります。たとえば、「兄貴のときは披露宴に200人呼んだのに、オレのときは30人だった」「弟は私立を出ているのに、オレはずっと公立だった」といった具合です。

じつは、女性の帯締めも男性の披露宴も、根っこは同じ。これはものを巡っての戦いではなく、過去の親の愛情を巡って戦っているのです。私はこれを、「愛情の奪い合い理論」

と呼んでいます。

相続がモメる原因として、本家・分家の戦い、金銭的な資産を巡っての戦いがあることはすでに述べてきましたが、それに加えて愛情を巡っての戦いがあることを覚えていただきたいと思います。

おそらくお母さんは生前、娘に自分の着物を着せて、軽い気持ちで「これはあなたに似合うわね」などといっていたのでしょう。

お母さんにとって、着物を買うというのは、おそらくちょっとしたぜいたくでしたでしょうから、自分ひとりが着ると思うと後ろめたい。そこで、「娘たちにも遺してあげられる」という大義名分で買うわけです。

そんな気持ちがあるから、娘の前で「これ、あなた、いいんじゃない?」「これ、あなたきっと似合うと思うわよ」ということをしゃべるのだと思います。

それが、1人だけにいっているのならまだしも、2人、3人の娘に同じことをいっている可能性も十分にあります。

一方で、娘さんは自分だけがそういうことをいわれていると思っていますから、将来は自分がもらえるものだと思い込んでしまうわけです。

結局、「これは私がほしいわ」「私のものよ」ということで、奪い合いになってしまう。相手がほしいというと、なおさらほしくなるのが人情というものです。ことほどさように、形見分けは難しいのです。

ちなみに、数万円の宝石や時計ならば形見分けの対象ですが、何百万円、何千万円という高級時計や貴金属は相続税や遺産分割協議の対象となります。

相続の本質を唄った『邂逅』

先ほど、「実家はなくても家は遺る」といいましたが、まさに親の形見には、親の気持ちや心が遺るもの。大切にしたいものです。

指輪を母から娘さんやお嫁さんに受け継ぐように、男の場合はカメラを受け継ぐということもありました。

今ではカメラはなかば消耗品のようになってしまいましたが、少し前までは父親の使っていた高級カメラを息子が受け継いで使うということがありました。

カメラと相続というと、私の印象に残っている唄があります。

さだまさしさんの『邂逅《かいこう》』という唄です。この唄には、「相《すがた》を続ける」という「相続」の意味と心が見事に込められています。

『邂逅』

父が私を許さなかったのか
私が父を拒んでしまったのか
彼はついに孫の顔も見ずに
三年前に世を去った
今となれば果たして人の世に
生命を懸けていさかい合う程の
憎しみなどあろうはずもないと
今更に気付く愚かしさ
形見といえば古くさい
写真機が一台あるばかり

無趣味の人のなぐさみに
何を写していたのやら
無骨な指で不器用に
シャッターを切ったのだろうか
ふと気付けば撮りかけの
フィルムが入ったままだった

父のフィルムの残り半分を
私が引き継ぐことにした
少し悩んでやはり最初には
こっそりと母を撮った
それから彼の孫の姿を撮り
最後に母が私達を撮り
出来上がったそのフィルムが
今 私の前にある

父は最初に庭を撮っており
次に道端の花を撮り
そして最后は多分こっそりと
母の姿を写してた
ネガフィルムに隣り合わせて
二人の写した母がいる
初めて父とめぐり逢った
涙が止まらなかった

涙が止まらなかった

唄・作詞・作曲：さだまさし

主人公は、無骨だった父の形見にカメラを見つけました。なかには、まだフィルムが残ったまま。父はどんなものを撮ったのだろうと思いながら、まず母の写真を撮り、それからさまざまなものを撮影し、現像に出します。

できた上がったネガを見ると、自分が撮った母親の前に、もう1枚母親の写真がありました。そう、最後に父が撮っていた被写体は母だったのです。

あんなにいさかいをしていた父親と自分だったけれども、隣り合った2枚の母親の写真を見て、最後に心が通じた気がする――。

そんな唄です。まさに、相続の本質をついた素晴らしい唄ではありませんか。私は、この唄を心のよりどころのひとつとして、今日も相続のお手伝いをしています。

第3章

知らないと困る！　相続の基礎知識

税制改正で、2人に1人が相続税対象者に⁉

「相続税なんて、一部のお金持ちの話だろう」

——従来は、相続税に対してそういうイメージが定着していました。ところが、2015年1月の税制改正の施行によって、事情が大きく変わってきたのです。

これまで、東京国税局管内において、相続税の申告対象者は5人に1人の割合でしたが、新しい相続税法では2人に1人になる見込みです。

具体的に説明しましょう。

相続税を計算するには、まず相続財産全体から債務や葬式費用などの控除額を差し引いた「課税価格」を算出します。

そして、その課税価格から「基礎控除額」を差し引いた金額に対して、定められた割合で課税されます。

今回の税制改正では、この基礎控除額が引き下げられたのです。新旧の基礎控除額を比較してみましょう。

・旧基礎控除額　　５０００万円＋１０００万円×法定相続人の数
・新基礎控除額　　３０００万円＋６００万円×法定相続人の数

たとえば、母親が亡くなり、きょうだい３人が相続する場合、以前は８０００万円以内であれば相続税はかかりませんでした。ところが、新しい法律では、４８００万円を超えると相続税の課税対象になってしまうのです。

同様に、きょうだい２人が相続する場合、以前は７０００万円以内だったのが、４２００万円になったのです。

「うちは、そんなに財産を持っていないから大丈夫」と思うかもしれませんが、けっしてそんなことはありません。大都市圏に住んでいる人ならば、土地付きの一軒家があれば、それだけでかなりの評価額となります。

それにプラスして、第1章でも述べたように、今の80代で一軒家をお持ちの人たちは平均して２０００万円くらいの預貯金を保有しています。これを合わせれば、資産家でなくても基礎控除額は簡単に超えてしまうようになったのです。

相続税の問題は他人事ではなくなってきたのです。このことを裏付けるのが、私どもが独自に調査したデータです。

2010年の1年間に東京、神奈川、千葉、山梨の1都3県で亡くなった方は、23万1280人でした。このうち7・0%が相続税を納めなければいけないケース、13・9%が相続税の申告をすることで税金がゼロになるケースです。合わせると20・9%、冒頭で述べたように、5人に1人が相続税の対象だったわけです。

この年のデータを、2015年1月の相続税改正後の条件にあてはめてみると、どうなるでしょうか。

相続税を納める必要があるケースは、全体の15・0%と倍増します。そして、申告をして税金がゼロになるケースは、29・5%。合わせると、44・5%にも達します。このように、ほぼ2人に1人が相続税の課税対象になるのです。

地域でいうと、一軒家で平均的な家庭の場合、首都圏で相続税がかかる範囲は、北は大宮、南は横須賀、東は千葉、西は高尾（八王子市）まで広がると考えられています。

これまでは、なんとなく「金持ち向けの税金」と思っていた相続税が、非常に身近な「大衆向けの税金」になってきたわけです。

相続税の申告リミットは10カ月

相続税は、相続が開始してから（親が亡くなってから）10カ月以内に申告すると定められています。

10カ月というと、長いように感じるかも知れませんが、その間にやらなければならないことは山ほどあります。

本来、相続は親が亡くなった時点からスタートするものです。ところが、最初の2カ月は、ご葬儀に加えて、各種の手続きや四十九日の法要など、いろいろなことをしているとあっという間にたってしまいます。実質的には、残り8カ月が勝負といっても過言ではありません。

相続の最初のステップは、遺言書があるかどうかを確認することです。

遺言書の有無によって、相続の進め方は大きく違ってきます。遺言書がある場合は、基本的には遺言書どおりに遺産分割することになります。遺言書で指定された人が指定された財産を相続します。

遺言書がないときは、相続人の間で「遺産分割協議」をする必要があります。遺産をどのようにして分けるのかを、相談して決めるわけです。

その準備で、税理士に財産目録をつくってもらうのが一般的です。私たち税理士の役目は、「相続財産の評価」（故人が遺した財産をすべて調べて明細をつくること）をして、相続税について説明することです。

あとは、相続人の間で話し合うのが基本です。そのうえで、税金に関する質問があれば、税理士が相談に乗り、世の中の事案をご説明していくという進め方をします。

どう相続したらよいかという相談には立ち入りません。それは法律事務になりますから、税理士が調整や交渉をすると弁護士法違反になってしまうためです。

重要なのは、とにかく相続人が早めに動いて税理士に相談することです。税理士は相続のプロですから、さまざまな事例に接しており、一定の期間があればきちんと問題解決の手法を提示してくれるはずです。しかし、相続人が動かないことには何も進まないのです。

税理士への相談は早ければ早いほうがいいのですが、葬儀直後はそんな余裕はないでしょう。

典型的な例でいうと、最初の2カ月はあっという間に過ぎて、次の4カ月で税理士に依

相続の手順とその期限

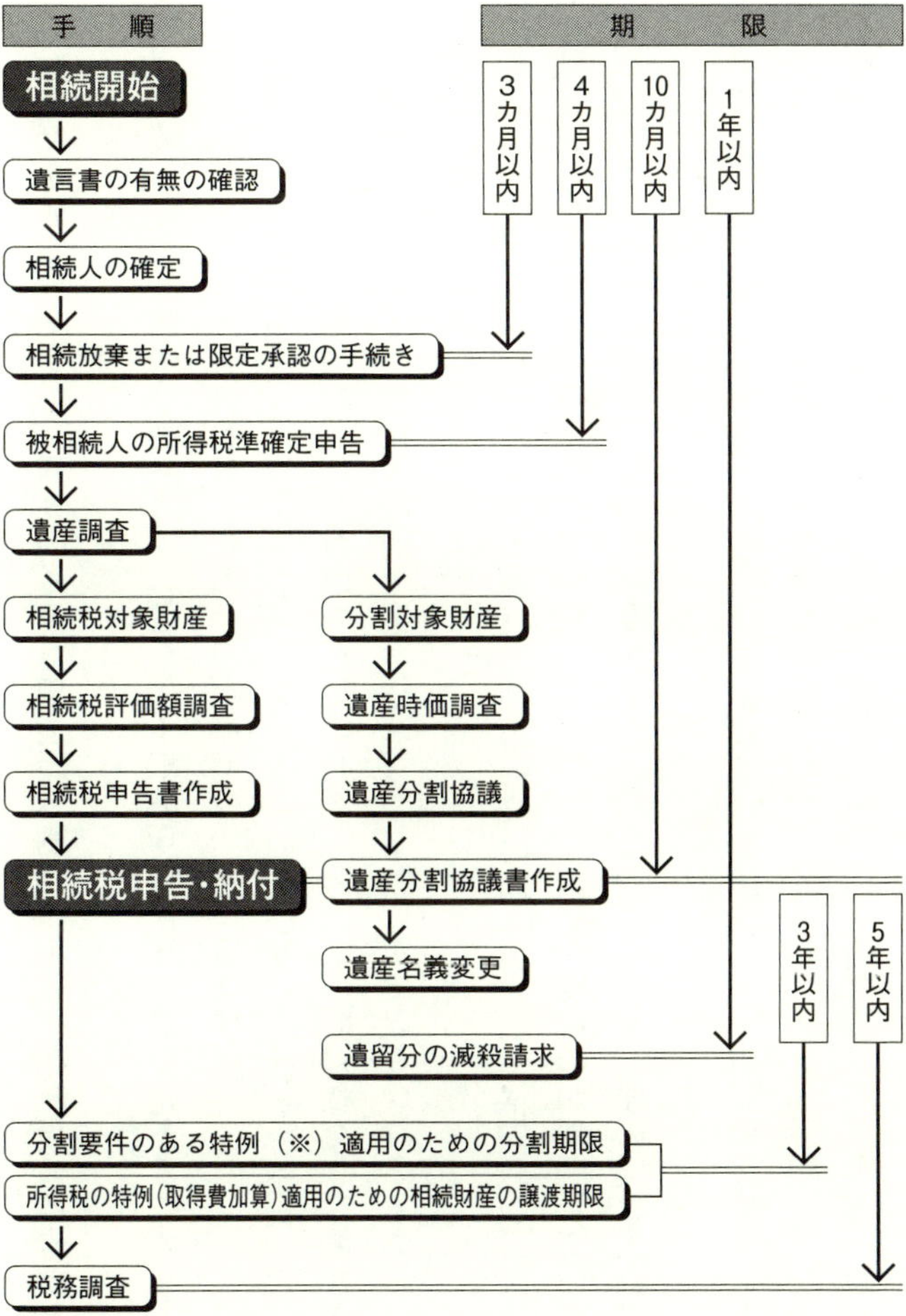

※配偶者の税額軽減(相続税法第19条の2)及び小規模宅地の評価減(租税特別措置法第69条の4)

頼して相続財産を確定。そして、残りの4カ月で遺産分割協議をして相続税の申告書をつくるという手順です。

つまり、相続人による遺産分割協議は、亡くなってから6カ月目ぐらいまでにスタートするのが理想的です。4カ月あれば、いろいろな話し合いができます。

なかには、1カ月前に相談に見える方もあります。「のんびりしていて、すみません」とおっしゃるのですが、まったくないわけでもないパターンですので、私たちも驚きません。ただ、時間が少ないと、相続人の間で突っ込んだ話し合いができないこともあるので、なるべく早いに越したことはありません。

かくいう私自身も、父が亡くなったときは、仕事や身の回りのことが忙しかったため、本格的に動き出したのが5、6カ月後でした。どれだけ作業が大変なのか理解している私でも、そうなってしまうのです。早めに動き出すべきだということを、頭の隅に入れておいていただきたいと思います。

さて、遺産分割協議がまとまれば、「遺産分割協議書」を作成して、相続税を計算します。そして、「相続税申告書」を作成して税務署に申告。相続税を支払うという手順になります。相続税申告書の提出期限は、相続税の支払い期限と同じく、10カ月以内です。

納税は現金納付が一般的ですが、延納、物納という方法もあります。詳しくは、項を改めて、「相続税を今すぐ払えない。そんなときどうする？」の項でご説明しましょう。

相続税の課税対象であるのに、期限までに相続税の申告をしないと、無申告加算税が課せられます。さらに、相続税を支払わなくてはならないのに、支払いが遅れると延滞税が課せられてしまいますので注意してください。

相続人になれる人、なれない人

血縁関係にあっても、遺産を相続できる人とできない人がいます。

その範囲や優先順位は民法で定められており、遺産を相続する権利のある人は「相続人」と呼ばれています。

では、相続人になれる人となれない人について、簡単に説明しましょう。

①配偶者

配偶者は、つねに相続の権利があります。ただし、同居していても、婚姻関係にない人

（婚姻届が提出されていない、いわゆる内縁関係）は相続の権利はありません。離婚した相手（前妻や前夫）も、相続の権利はありません。

②子ども

子どもは、つねに相続の権利があります。実子であっても養子であっても、婚姻関係にない相手の子ども（故人が男性の場合は、その子を認知していることが必要）であっても、全員に権利があります。

重要な点は、前妻や前夫には相続の権利はありませんが、その子どもにはあるということです。

また、養子も相続人になれるため、相続対策として祖父母が孫を養子にすることもよくあります。そのメリットは、祖父母→親→本人という2度の相続で相続税が2回かかるよりも、祖父母→本人という1回の相続にすることで、相続税が節税できること。また、家名を残すために、姓の違う孫を自分の姓にするという目的もあります。

デメリットは、相続税額が2割加算になること。ただし、資産家ならば、それでも相続税が2回かかるよりも節税効果があります。また、養子が加わることで、ほかの相続人の相続額が減ることになります。一方、きちんと配慮をしないと遺産分割のときに、モメる

相続人になれる人と、その優先順位

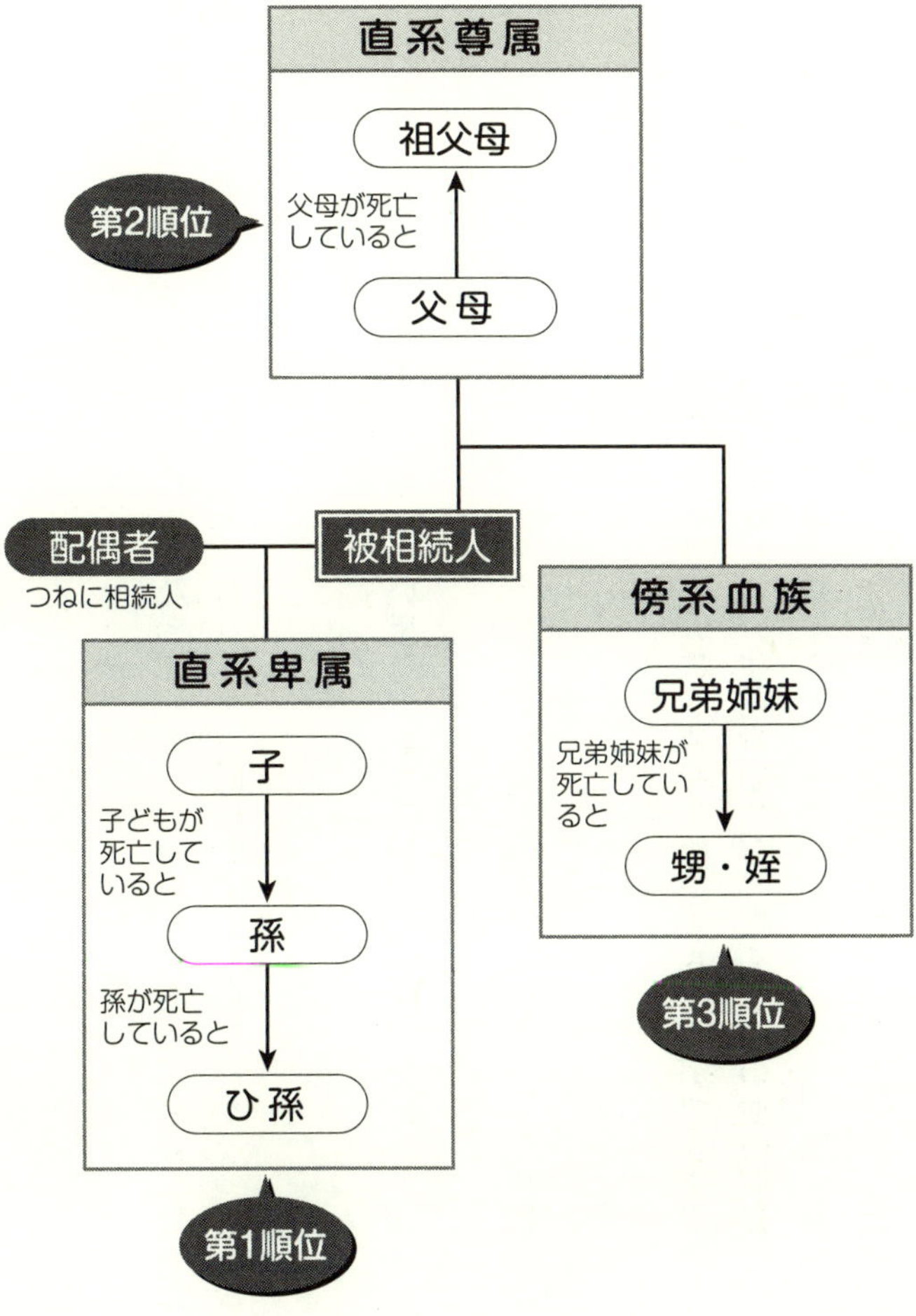

可能性が増大します。

③孫

本来の相続人である子どもが先に亡くなっていて、しかもその人に子ども（故人にとっては孫）がいる場合、その孫が相続人になれます。同様に、子も孫も亡くなっている場合、ひ孫が相続人になれます。

④親

故人に、子も孫（ひ孫以下も）もいない場合、故人の親が相続人になれます。

⑤きょうだい（兄弟姉妹）

故人に、子ども、孫（ひ孫以下）、親もいない場合、故人のきょうだいが相続人になれます。

遺言書を作成しておけば、相続人でない人にも遺産を相続することができます。たとえば、愛人や認知していない子どもをはじめ、生前世話になった人などの血縁関係にない人でも相続は可能です。

民法では、どの法定相続人にどういう比率で財産を分ければよいかという「法定相続分」

が示されています。配偶者と子どもで相続するときは、配偶者が2分の1、残りの2分の1を子どもが均等に分けます。配偶者がすでに亡く、子どもだけで相続するときは、全体を子どもの数で均等に分けます。

この法定相続分は、あくまでも「こうして分けるといいですよ」という基準です。ですから、相続人の間で話し合いさえつけば、一次相続で配偶者が100%相続しても構いませんし、二次相続で本家が7割でも8割でも相続して構いません。また、あとで述べるように、法的に有効な遺言書があれば、法定相続分に関係なく、遺言書の内容に基づいて遺産を分割することになります。

「実家の相続問題」は2度目の相続のとき起こる

通常、ひとつの家族において、相続は2度発生します。
1度目は、片方の親が亡くなるとき。2度目は、遺された親が亡くなるときです。
前者を「一次相続」、後者を「二次相続」といいます。
一般的に、一次相続では男性が亡くなるケースが大半です。私どもの統計によると、2

013年は一次相続のご相談では男性が亡くなったケースが88・9%という数字が残っています。

そして、一次相続から二次相続までの期間は、男性が先に亡くなった場合は16・19年、女性が先に亡くなった場合は10・25年となっています。この6年の差というのが興味深いところです。

男である私には残念な数字ですが、この数字から次のようなことがわかります。

先に亡くなるのは男がほとんどで、仮に妻に先立たれると10年程度しか残りは生きられない。それに対して、夫を亡くした女性は約16年生きるということです。

つまり、この本のテーマである「住まない実家」は、二次相続での問題なのです。夫に先立たれた妻は、約16年間実家にひとり暮らしをすることになり、その妻が亡くなると実家が空き家になってしまうわけです。

そう、相続税にしても空き家問題にしても、厄介な相続問題は二次相続で起きるのです。

では、一次相続では問題はないのでしょうか。

結論からいえば、レガシィ一軒家モデルでは、ほとんど心配はいりません。それは、「配偶者の税額軽減」「小規模宅地の評価減」という2つの税額軽減措置があるからです。

①配偶者の税額軽減

配偶者に先立たれた人に対しては、課税価格（相続財産から債務や葬式費用などの控除額を差し引いた金額）が、次のa、bのどちらか多い金額まで、配偶者には相続税がかかりません。

a．1億6000万円

b．法定相続分（通常は2分の1）相当額

大ざっぱにいえば、受け取る遺産が1億6000万円と総財産の半分のいずれか大きい金額未満ならば、相続税はかからないということです。ですから、一次相続では遺産のすべてあるいは大半を配偶者が相続するケースが多いのです。

②小規模宅地の評価減

相続した家に住み続ける人に対しての優遇措置です。ご夫婦は同居していますから、旦那さんが亡くなっても、奥さんはその家に住み続けます。すると、「小規模宅地の評価減」という制度が適用されるために、自宅の評価額が8割安くなります。

つまり、相続税の計算をするときに、本来ならば5000万円の不動産であっても、その2割の1000万円で計算してくれるのです。住み慣れた自宅を、相続税支払いのために出て行くことを防ぐ措置です。

一次相続では、こうした制度が使えるので、よほどの資産家でなければ相続税の心配をする必要はありません。

ところが、二次相続になるとそうはいきません。子どもが親の遺産を相続するのですから、配偶者の税額軽減は当然受けられませんし、同居していないと小規模宅地の評価減も利用できません。そのために、多額の相続税がかかってくることになるわけです。

遺言書の有無で相続は大きく変わる

遺言というのは、亡くなった人の意思を示したものです。資産の持ち主であった人が、自分の資産をどう分けるかを書き遺しているのですから、遺産分割協議は、この内容をもとにして進められます。

もっとも、それほど効力のあるものですから、偽造されては大変です。そのために、単に紙に書いて遺したというだけでは、遺言の効力はありません。正式な手順で作成され、きちんと保存されたものでなくてはならないのです。

効力のある遺言書には、おもに「自筆証書遺言」「公正証書遺言」「秘密証書遺言」の3種類があります。それぞれの特徴とメリット、デメリットを説明しましょう。

①自筆証書遺言

本人が全文・日付・氏名を自分で書き、捺印した遺言書です。代筆やワープロ文書で印刷したものは無効です。遺言書封筒の封印は、本文に捺印した印鑑と同じものにすることが望まれます。

日付は年月日が特定できなければなりません。以前、年月までは正確に書いたものの、日付を「吉日」と書いたために、裁判で無効となった遺言書がありました。あとで触れますが、遺言書では日付は非常に重要な要素なのです。

自筆証書遺言のメリットは、たいして費用がかからずに簡単に作成でき、また遺言書の内容はもちろん、遺言書自体の存在も秘密にできる点にあります。

デメリットとしては、先ほどの「吉日」のように、記載に不備があって遺言書が無効になるおそれがあるということです。また、見つかりにくいところに保管しておくと、死後に発見されない可能性もあります。

もっとも心配なのが、他人による偽造・変造です。そのおそれがあるために、自筆証書遺言書が本物なのかどうか、裁判で争われることがあるのです。

また、自筆証書遺言を死亡後に開封するには、家庭裁判所の「検認」が必要です。これは、遺言書が存在していたことを相続人全員に知らせるとともに、遺言書の中身を確認して、それ以降の偽造や変造を防止する手続きです。検認の作業には、通常、2、3カ月かかります。

結論として、自筆証書遺言は比較的手軽に作成できるものの、安全性や確実性に欠けるため、その後の扱いに手間がかかるという性質をもっています。

②公正証書遺言

公証役場に出向いて、公証人のほかに2人以上の証人が立ち会って作成する遺言書です。もっとも安全で確実な遺言書であるとされています。

作成の手順は、まず遺言の内容を本人が公証人に伝え、公証人がその内容を筆記します。その内容を本人と証人が承認し、それぞれ署名・捺印します。原則として、原本が20年間公証役場に保管され、本人には正本と謄本が渡されます。

公正証書遺言のメリットは、記載に不備のない遺言書が作成できること。そして、滅失、隠匿、偽造・変造のおそれがないことです。それが、安全、確実とされるゆえんです。また、自筆証書遺言と違って、家庭裁判所の検認の手続きが必要ありません。

デメリットは、内容を公証人や証人にいわなくてはならないために、精神的なストレスがかかることです。私のお客様の感想を聞くと、見ず知らずの公証人の前で、どれだけ財産があるかを口にするのは大きなストレスだといいます。

証人選びも難しい判断です。財産を明らかにするのですから、利害関係のある知人はもちろん、嫉妬深かったり口の軽い友人というわけにはいきません。そのために、弁護士や税理士のような人に依頼することが多くなります。

公正証書遺言は、作成のための費用もだいぶかかります。しかも、財産額が多ければ多くなるほど、公証人の手数料が高くなるのです。

結論として、公正証書遺言は安全で確実でありますが、作成までのハードルが高い遺言書だといってよいでしょう。

③秘密証書遺言

自筆証書遺言の手軽さと公正証書遺言の安全・確実性を、ある程度合わせ持つ遺言書です。

遺言書の本文は自筆である必要はありません。代筆やワープロ文書でも構いません。自筆で署名して捺印した上で、封印した遺言書を公証役場に持参します。そして、2人以上の証人の立ち会いのもとで、その遺言書の存在のみを証明してもらいます。

秘密証書遺言のメリットは、内容を秘密にしておけるという点です。滅失、隠匿、偽造・変造のおそれもありません。また、公正証書遺言が公証人に記述してもらうのに対して、秘密証書遺言は自分で書くために、文章の内容の自由度が高く、気軽にとりかかれるのもメリットです。さらに、自筆証書遺言と違って、ワープロ文書でもよいという点は、最近の時代に合っていると思います。

デメリットは、自筆証書遺言と同じく、執行時には家裁の検認の手続きが必要になることです。


この3種類の遺言書のうち、世間一般では、公正証書遺言がもっとも安全で扱いやすいといわれています。しかし、私どもでは、公正証書遺言よりも作成にストレスがかからない秘密証書遺言をおすすめしています。

3つの遺言書の比較

種類	自筆証書遺言	公正証書遺言	秘密証書遺言
難易度	最も簡単	難しい	やや難しい
費用	ほとんどかからない	公証役場手数料(16,000円〜)証人依頼の費用	公証役場手数料(11,000円〜)証人依頼の費用
証人	不要	2人必要	2人必要
保管	本人、推定相続人、遺言執行者、友人など	原本は公証役場、正本と謄本(写し)は本人、推定相続人、遺言執行者など	本人、推定相続人、遺言執行者、友人など
秘密性	遺言の存在、内容ともに秘密にできる	遺言の存在、内容ともに秘密にできない。証人から内容が漏れる可能性がある	遺言の存在は秘密にできないが、内容は秘密にできる
紛失、変造の可能性	共にある	紛失の場合は再発行できる、変造の可能性はほとんどない	共にある
検認	必要	不要	必要
特に有利な点	費用がほとんどかからない。証人が必要でなく、いつでもどこでも簡単に書ける。新たにつくりなおすことも容易にできる	家庭裁判所での検認が必要ない。公証人が作成するので、無効な遺言書となること、変造されることが少ない。紛失しても謄本を再発行してもらえる	公証役場に提出するので、作成日が特定できる。費用があまりかからない
特に不利な点	紛失、変造、隠匿(隠すこと)などの可能性が高い。遺言の要件を満たしていないと無効な遺言となる可能性がある。家庭裁判所での検認が必要	費用が余分にかかる	遺言の要件を満たしていないと無効な遺言となる可能性がある。家庭裁判所での検認が必要

秘密証書遺言では家庭裁判所の検認が必要ですし、作成や執行にもそれなりの手数がかかりますが、私どものような専門家にお任せくだされば、作成、保管、検認、執行に至るまでスムーズに事を運ぶことができます。

具体的な手順としては、まず何度かの打ち合わせを通じて、遺言に記したい内容をお聞きし、私どもが遺言書の文章を作成します。次に、その内容を確認していただき、必要であれば修正を加えて秘密証書と呼ばれる文書にします。

最後に、その文書があることを公証人に証明してもらいます。封筒のなかに文書を入れて、そこに遺言書があることを公証役場で認めてもらうわけです。

現在、秘密証書遺言を選択する方はまだ少ないのですが、信頼できる専門家に依頼できれば、公正証書遺言にくらべて手間はかかりませんし、しかも費用も安くできるのです。

ところで、遺言書の内容は何度でも書き換えることができます。遺言書は、日付の新しいものが有効になります。だからこそ、正しい日付を書くことが大切なのです。相続の段になって、日付の違う複数の遺言書が出てきて、トラブルになるという話はよく聞きます。内容を書き換えた場合は、古い遺言書は確実に破棄するようにしてください。

遺言書を遺す人は１割にすぎない

相続をスムーズに進めるために欠かすことのできない遺言書ですが、実際に書いている人はごく少数です。私どもの統計によると、２０１０〜２０１３年の平均で、遺言書を作成していた人は１割にすぎません。資産家といわれる遺産５億円以上の方に限っても18％です。

ですから、遺言書のないのが普通と考えたほうがいいでしょう。

では、なぜ遺言書を書かないのでしょうか。

理由はいくつか考えられます。

ひとつ目は、法的に効力のある遺言を遺すことがおっくうなこと。前の項で書いたように、手続きに手間がかかったり、書式が面倒だったりするので、敬遠してしまうのです。

２つ目は、子どもを区別したくないという意識です。遺言書というのは、子どもの取り分を親が決めるためのものです。言い換えれば、子どもに対して、財産の分け方を不平等にすることでもあります。それは、子どもへの愛情に差をつける作業にほかならず、なるべくならば書かずに済ませたいのです。

そして3つ目は、これがじつは一番大きな理由だと思いますが、単に気が進まないためです。というのも、遺言書の作成というのは、自分が死ぬことを前提とした行為だからです。人間はいくつになっても自分の死を見つめたくはないもの。まだまだ充実した人生を過ごしたいと思っているのに、自分の人生の最後と向き合うなどというのは、どうしても気が進まないのです。

遺言書が遺されていない場合、きょうだいが遺産を平等に分ける「均分相続」が民法で定められています。そのとき、全員が均分相続で納得していればいいのですが、本家相続が当然だと思っている人がいると面倒なことになります。

たとえば、「お母さんは、オレが土地を全部相続するようにいっていた」と主張する長男がいる場合です。でも、遺言書がなければ、それを証明する手だてはありません。ほかのきょうだいは、「そんな話は聞いたことがない」「いいかげんなことをいうな」と応酬して、売り言葉に買い言葉で遺産分割協議は紛糾します。

そこでもし、お母さんが遺言書を書いていて、長男に多く遺産を相続する理由を記していれば、ほかのきょうだいも渋々ながら納得するかもしれません。

遺言書の作成割合は1割程度

●全体

①2013年と過去4年平均

遺言	2013年割合	4年平均割合
あり	11%	10%
なし	89%	90%
合計	100%	100%

②過去4年間

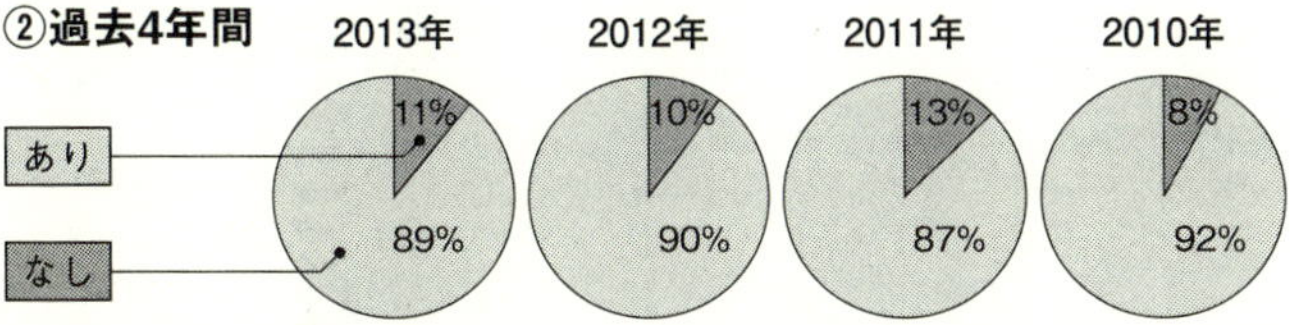

●課税価格5億円以上の場合

①2013年と過去4年平均

遺言	2013年割合	4年平均割合
あり	23%	18%
なし	77%	82%
合計	100%	100%

②過去4年間

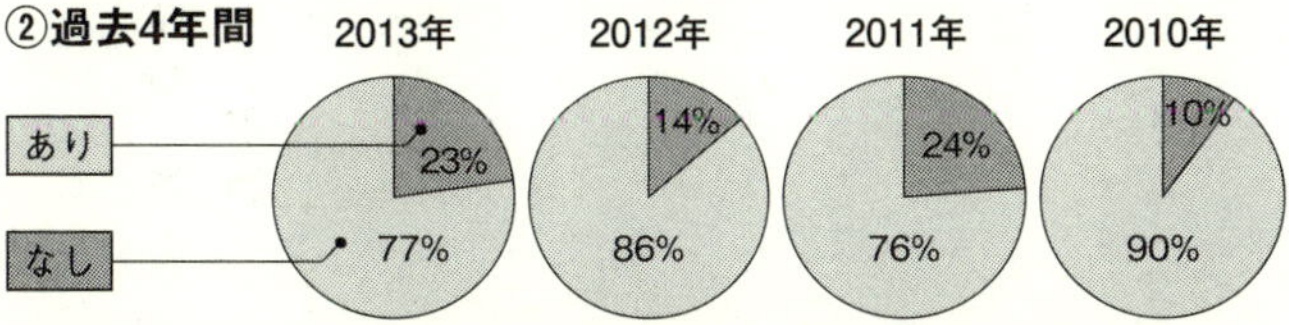

遺言書の作成割合を見ると、全体データでは４年平均でも10%ほど。課税価格５億円以上の場合は４年平均18%とやや多いが、意外に少ないのが実情。

（税理士法人レガシィ調べ）

ただでさえ本家相続はモメやすいのですが、遺言書がなければ、さらにモメる原因となってしまうのです。

「平等な相続」になることはまれ？

民法で均分相続が定められているといっても、現実には、なかなか均等に分けることは難しいものです。

ひとつの理由としては、前項でも触れたように本家相続がまだまだ根強いこと。税理士法人レガシィの統計で、２０１０〜２０１３年の4年平均で本家相続が全体の6割近くを占めていることは、第1章でも紹介しました。

もうひとつの理由は、やはり不動産が平等に分けにくいものだという点に尽きます。大地主のように広い土地を持っていれば、2、3人のきょうだいで分割することは可能でしょうが、50坪程度の一軒家となるとそうはいきません。

そこで、一般的におこなわれているのは、「代償分割」という方法です。これは、たとえば長男が不動産を取る代わりに、不動産の価値の半分を長男が次男に金を払うというもの。代償金を支払って均分にするわけです。この方法ならば、確かに金銭価値に直せば平等に分けられます。

しかし、これでお互いが「平等」だと感じるかどうかは、また別問題です。

たとえば、親と同居していた長男はこう思うでしょう。

「一緒に住んでいていろいろな苦労も気づかいもしたよ。だから、当然自分が大半を相続できると思っていたら、弟がお金を要求するじゃないか。お金をもらうほうは気が楽でいいね」

次男は次男でこう思うかもしれません。

「そりゃあ、親の家に一緒に住んでいたからといって、家賃を払えとはいわないよ。でも、オレは家を使えないんだから、その財産価値の半分をくれても罰《ばち》は当たらないんじゃないの」

このように、どちらにも言い分があるわけです。どちらがよくて、どちらが悪いという話ではありません。

ところで、代償分割をするためには、不動産を相続した人が現金を持っていないとなりません。現金がないときはどうすればよいでしょうか。

分割払いという手がありますが、それでは相手は心配になって納得しないでしょう。ですから、土地を担保にして銀行に一括して支払ってもらい、あとは自分が銀行に分割払いをするというケースが多いようです。

最悪の場合は、土地を一部売って支払うということもあります。売れればいいのですが、一部だけでは土地が売れるとは限りませんし、希望の値段がつかないかもしれません。そこで、またモメるということになりかねないのです。

モメて損をするのは相続人自身

遺言書があっても、それぞれの相続人には、最低限受け取れる財産があります。これを「遺留分」と呼びます。

たとえば、亡くなった親に9000万円の遺産があり、3人の子どもがいるケースを例にとりましょう。遺言書がなければ、均分相続で3000万円ずつ分けるのが基本です。

ところが、遺言書が遺されていて、そこには「遺産すべてを長男に相続する」と書いてあったとします。

これでは、あとの２人は気の毒です。そこで、最低限の分け前として、遺留分をもらう権利はあるのです。

遺留分は特別の場合を除いて、法定相続分の半分と覚えておくとよいでしょう。この場合、法定相続分は３０００万円ですから、その半分の１５００万円をもらう権利があるわけです。

もし、長男が遺留分の支払いを拒否するならば、長男に対して「遺留分減殺請求《いりゅうぶんげんさいせいきゅう》」を起こして、遺留分を確保しなくてはなりません。遺留分減殺請求ができるのは、被相続人（この場合は親）が亡くなったという事実と遺言書の内容の両方を知ったときから1年以内です。それをすぎると、請求できなくなるので注意してください。

もちろん、遺留分はあくまでも権利です。ですから、遺産がいらないというのならば、もらわないという選択もあります。

ところで、遺産分割協議では、単にお金の分配だけでなく、「相続した家を売る判断は任せる」「お墓を守る」といった条件について話し合っておくことも大切です。

実際には、こんな話の順序になっていくことが多いようです。

長男「じゃあ、実家はどうしようか？」

次男「兄さんが家を相続したらどうだい？」
長男「いやあ、相続するのもいいけどさ。売ったらだめだとか、ずっと守ってくれなくちゃ困るなんていわれると自信がないんだよね。お前こそどうなんだい？」
次男「オレだって同じだよね」
長男「じゃあ、どちらが相続するにしても、そうした縛りを入れるのはやめないか。売る判断は、相続したほうに任せるということでやろうよ」
基本的には、相続した家を売るかどうかは、相続した人が自由に決めたほうがいいと私は考えています。とくに、「住まない実家」を相続してしまったら、維持にコストがかかる〝金食い虫〟になってしまいます。押し付け合いに負けて、わざわざ相続してくれた人ならばなお、「5年間は売るな」などという条件までつけて縛るのはよくないと思います。
こうして、細部まで詰めてはじめて遺産分割協議が終わります。
重要なのは、モメてばかりいて合意に至らないと、損をするのは相続人だということです。故人の預金は引き出せませんし、土地建物の修繕や建て替えもできません。名義の変更がおこなわれていないのですから当然です。
ただし、二次相続でひとりっ子の場合は、この限りではありません。亡くなった親の預金でも、すぐに引き出すことができます。相続人が1人ならば、財産を分割する必要がないからです。親の財産をすべて1人で相続するのですから、モメることはありません。

ただその場合でも、故人の預金をおろそうとするとき、銀行側がスムーズに応じてくれるとは限りません。もし、ほかの相続人がいたら大変だからです。ほかに相続人がいないことを証明する戸籍謄本などの提出を求められます。

いずれにしても、相続人が1人だけなら、これほど平和なことはありません。遺産分割協議でのさまざまなトラブルを見てきた私からすると、子どもの頃は、ひとりっ子で寂しい思いもしたかもしれませんが、そのマイナスをすべて補ってあまりあるほどの平和といっても過言ではありません。

相続財産はお金、不動産だけではない

「そもそも、財産は何を基準にして値段をつけるの？」

そうした素朴な疑問をお持ちになるかもしれません。預貯金ならば金額が明確ですが、不動産（土地・家屋）や株券になると、その時点での国や地域の経済状況、売り主・買い

主の都合などによって、売買価格はいくらでも変動します。

とはいえ、何かを基準にしないと遺産の評価は不公正なものになってしまいます。そこで、資産の種類によって、それぞれ一定の基準が定められています。

①土地

市街地にある宅地の場合、各国税局が公開している路線価が基準になります。路線価というのは、道路の1本1本に値段を付ける考え方です。そして、道路に面した土地はその価格で評価します。

路線価の数字は、国税庁のホームページで見ることができます。地図上に1㎡（平方メートル）あたりの数字が1000円単位で書かれています。つまり、500と書いてあれば、その道路に面した宅地の評価額は、1㎡あたり50万円ということを意味します。

ですから、相続する土地の面積をこの数字にかければ、土地の評価額が算出されるわけです。150㎡の土地ならば、評価額は50万円×150㎡＝7500万円となるわけです。

ただし、これはあくまでも計算のベースとなる金額です。土地の形が正方形または長方形で、宅地の一方向だけが道路に面している場合に限られます。

実際には、間口が狭くてやたらに奥行きがある土地だったり、台形や三角形のいびつな土地だったりすることは珍しくありません。そうした土地の場合は評価が安くなります。

ほかにも、評価を安くできる――つまり、相続税を安くできる要素はさまざまあります。土地が傾斜している、崖に面している、かつては沼地だった、水が出やすい、墓地が隣にあるなど、取り上げればきりがありません。

ただし、こうした要素があっても、税務署が認めてくれるかどうかはわかりません。そこで、そうした評価減の要素を調べあげて、少しでも相続税を安くできるかどうかが、税理士の腕の見せ所にもなるのです。

②家屋

家屋の評価額は、固定資産税評価額と同じです。

③預貯金、株券

預貯金は残高そのままです。株券は、相続が開始した時点（亡くなった時点）での価格が基本になります。

④貴金属、自動車、家電など

こうした貴金属や耐久消費財も、すべて相続財産に含まれます。基本的には時価ということになっていますが、わかりにくいものがほとんどなので、購入価格を参考にします。それに、必要に応じて使用期間などを考慮に入れて算定します。

その際、貴金属や高級車などで、数百万円以上するような品目は個別に計上します。しかし、数万円から十数万円くらいの宝石や家電、自転車のようなものは、一つひとつ取り上げていってはきりがありません。そこで、全部まとめて、「家財一式」で50万円あるいは100万円という形で計上するのが一般的です。

⑤庭木

相続財産にはあらゆるものが含まれます。むしろ、対象にならないものを探すのが難しいほどです。立派な庭のあるお宅ならば、松や杉といった庭木が何本も植えてあるかもしれません。こうした庭木が、意外に高い評価額になってしまいます。

「同居」「二世帯住宅」は相続税で得をする

親と同居していた人は、相続税が安くなります。つまり、親が亡くなっても実家に住み続ける子どもを優遇する制度があるのです。

これは、すでに説明した「小規模宅地の評価減」です。先ほどは、一次相続で配偶者の死後、遺された人が家を相続するときに、「小規模宅地の評価減」で評価額が8割安くなると説明しました。

これが、二次相続でも利用できるのです。つまり、親と同居していた子どもは、その家に住み続ける限り、相続時に「小規模宅地の評価減」によって、不動産の評価額が8割安くなるわけです。さもないと、高い相続税が払えなくなり、それまで住んでいた実家を売却しなければならないおそれがあるからです。

この制度は、それまで別居していた人も利用できます。細かい条件をいうと、相続開始前から過去3年間、本人または配偶者が所有する不動産に住んでいない相続人（持ち家を持っていない人）が、実家を相続し、相続税の申告期限までに売却しなければいいのです。ですから、借家住まいの子どもがいれば、持ち家が手に入れられるうえに相続税を安くできるという、非常に有利な制度であるといえます。

雑誌の記事に、この制度のメリットがよく掲載されていますが、実際にはこの制度を使う人はあまりいません。現場で相続に接する私たちは、あまり見る機会がないのです。

その理由は、これまでに述べたとおり、相続の中心となっている50代以上の人には、ほとんど持ち家があるためです。だからこそ、相続のときに「実家を持ち家にすることができる」と喜ぶ人よりも、「誰も住まない実家をどうしよう」と悩む人のほうがはるかに多いわけです。

なかには、「相続対策として、持ち家を売って賃貸住宅に入っておくと節税になる」というアドバイスをする人がいるのですが、そんな税金が生活よりも優先するような人は実際にはいません。

50代になって妻子もいるのに、せっかくの持ち家をわざわざ売り払って、賃貸住宅に入居する人がいるでしょうか？　相続税を安くするためだからといって、住み慣れた家を離れる人はまずいません。たとえ本人がそう思っても、奥さんは絶対に反対するはずです。ましてや、持ち家があるのに、奥さんの実家に旦那さんが引っ越すということも、まずありません。

ここで重要なのは、「税が生活より優先することはない」ということです。ゼロとはいいませんが、ほぼないと考えたほうがいいでしょう。

ただし、二世帯住宅をつくることで、生前から親との同居をはじめるという家族は増えています。二世帯住宅の場合、これまでは税務署に「同居」とは認められていませんでした。家の入口が別であるならば、別の家と考えるべきだというわけです。

これが、2014年1月から、二世帯住宅も同居とみなされるようになりました。二次相続のときに、二世帯住宅でも「小規模宅地の評価減」が適用されて、評価額が8割減となったのです。

賃貸物件も相続税が安くなる

土地や家屋を他人に貸していると、相続税は安くなります。貸している分に応じて、相続税評価額が安くなるからです。

土地と家屋では、土地のほうが大きく評価減になります。それぞれに評価の方法を見ていきましょう。

①土地を貸している場合

土地を他人に貸していると、借りている人に「借地権」が生じます。これは、借りている人が勝手に追い出されないように、借り手の権利を守るためのものです。逆にいえば、貸し手にとっては、自分の土地であっても自由に処分できないことになります。

この「自由度が低い」「扱いにくい」という点を考えに入れて、他人に貸している土地は、自分で使っている土地にくらべて評価額は低く抑えられています。

では、どれだけ低くなるかというと、それは「借地権割合」で定められています。借地権割合が70％であれば評価額は30％に、借地権割合が40％ならば評価額は60％になるというしくみです。

借地権割合は、国税庁が公開している路線価図に表記されています。路線価図には、道路ごとに路線価が1000円単位の数字（350、500など）で記されているということは、すでに述べたとおりです。

その路線価の数字の次に表記されているA～Gのアルファベットが、借地権割合です。割合は、A＝90％、B＝80％、C＝70％、D＝60％、E＝50％、F＝40％、G＝30％となっています。

ですから、100㎡の土地の場合、「350C」ならば3500万円×（30％＝1－70％）＝1050万円、「500D」ならば5000万円×（40％＝1－60％）＝2000万円ということになります。

②家屋を貸している場合

貸家（家屋を貸している）の場合にも、借家人がいるために勝手に処分することはできませんから、やはり評価減となります。

評価額の計算は、土地の場合と似ています。違うのは、「借地権割合」の代わりに「借家権割合」を使うこと。そして、借家権割合は全国一律で30％という点です。３割しか評価減にならないのです。

こうしてみると、土地よりも評価減の割合は少ないことがわかります。ただし、もともとの評価額が土地よりも低いために、それほど大きな問題ではありません。

一軒家を貸しているケースでは30％減がそのまま適用され、相続税評価額は、その家屋の固定資産税評価額の70％になります。

アパートの場合には、全体のうちで実際に貸している分だけが、評価減の対象となります。家族を住まわせていたり、空室があったりすると、その分はカウントされません。

たとえば、全体の80％の部屋が使用されている場合、固定資産税評価額×（１－30％×80％）で計算するわけです。

税務署に狙われやすい通帳があった！

子ども名義の通帳をつくり、預金している親御さんがよくいらっしゃいます。子どもの名義であれば、相続したときに相続税がかからないと考えているのでしょう。

しかし、この「子ども名義の通帳」というのは、税務署から親の財産とみなされやすいため、注意が必要です。

預金の名義は子どもであっても、実質的には親の預金というのは「名義預金」と呼ばれています。名義預金は、相続税のチェックにあたって税務署が狙いをつける重要なポイントなのです。

なぜ、これが問題になるのかを説明しましょう。

親は相続税を節税するために、子ども名義の預金口座をつくって、毎年110万円ずつ預金していきます。年間110万円までなら贈与税がかからないからです。

もし、これを20年間続ければ、総額で2200万円になります。贈与税をかけられることなく、これだけの財産の名義を親から子どもに移すことができるわけです。

ところが、たいていの場合、印鑑も通帳も親が持っていて、子どもは預金口座があることすら知らされていません。これは、税務署の目から見れば「真っ黒」――完全な「名義預金」です。つまり、名義は子どもであっても、実質的に親の預金だと判断されてしまうのです。ですから、親が亡くなって相続がはじまると、この預金は相続税の課税対象になるわけです。これでは節税になりません。

では、どうすればよいのでしょうか。

親が定期的にお金を振り込んでいたとしても、印鑑も通帳も子どもが持っていて、子どもが自由に使える口座であるならば「真っ白」です。これなら名義預金とはされません。ただし、問題なのは「真っ白」と「真っ黒」の間です。たとえば子どもは知っていたが印鑑も通帳も親が持っていた。このように実際には、名義預金でないことを証明するのが難しい「グレーゾーン」のものが多いのです。

じつは、相続を扱う税理士にとって、このグレーゾーンにある預金を、いかに贈与であるか証明するのが大きな仕事のひとつとなっています。一方、税務署はなるべく名義預金という「真っ黒」であることを主張して税収を増やしたい。両者のせめぎ合いは、一般の方々の想像を絶するものです。

こうした面倒を避けるには、あえて贈与税を支払うことで、「子どもに贈与した」という証拠を残す「暦年贈与」（第4章参照）がおすすめです。

名義預金には時効がありません。税務署は、徹底的に名義預金を狙ってくるということを覚えておいていただきたいのです。

借金があった場合の対処法

故人に借金（債務）があれば、その分は相続金額から引いて課税価格を算出します。人によっては、借金の金額が膨大で、相続額がマイナスになってしまう場合もありえます。そのまま相続してしまうと、子どもは借金を負わされることになります。

それを防ぐために、「相続放棄」「限定承認」という方法があります。

①相続放棄

相続は権利であって義務ではありません。借金が大きければ、相続をしないという選択肢もあります。これが「相続放棄」です。

相続放棄をすると、親の遺産を受け取ることはできませんが、借金の返済義務もなくなります。

相続放棄をするときは、相続が開始した（亡くなった）ことを知った日から3カ月以内に家庭裁判所に申述する必要があります。この日をすぎると、マイナスがあっても相続をしなくてはなりません。相続放棄の手続きは、各相続人がそれぞれおこないます。

②限定承認

亡くなった人に、すぐには把握困難な借金がありそうな場合には、プラスの財産の範囲内で借金を返す「限定承認」という方法もあります。

たとえば、4000万円の財産を相続したあとで、7000万円の借金があるとわかったときでも、相続したプラスの財産である4000万円分だけ返済すればよいというものです。親の借金は、親から相続した範囲で返すという考え方です。借金の額のほうが少なければ、もちろんお金が残ることになります。

限定承認をするには、相続が開始した（親が亡くなった）ことを知った日から3カ月以内に、相続人全員が共同で家庭裁判所に申述する必要があります。1人でも「嫌だ」という相続人がいれば、限定承認はできません。

もっとも、相続の中心になっている80代の場合、借金があるケースはほとんどありません。2013年の総務省「家計調査（2人以上の世帯）」によれば、70歳以上の平均世帯の貯蓄は2502万円、借金は93万円という調査結果が出ています。

80歳で何千万円もローンが残っているという人は、ほとんどいないでしょう。そもそも、貸すほうも貸してくれません。ですから、「相続放棄」や「限定承認」については、税法の本にはよく例題として出てくるものの、実際には多くお目にかからないのです。

相続放棄や限定承認が必要になるのは、たとえば50代、60代で商売をしていた人や、団体信用保険に加入していないローンが残っている人が突然亡くなった場合でしょう。

相続税がかからないものもある

財産のように見えても、相続税がかからないものもあります。具体的にいうと、葬儀費用、仏壇・仏具、お墓、死亡退職金などです。

①葬儀費用

葬儀費用は、債務（借金）と同様に財産から差し引いてもらえます。しかも、亡くなったあとに使っても引いてくれるという例外的な費用です。考えてみれば画期的なことといえるでしょう。ですから、葬儀を盛大にすることは、課税対象となる遺産を減らすことになり、相続税対策にもつながるのです。しかも、入ってくる香典は非課税です。

葬儀費用には、葬儀社への支払いだけでなく、お坊さんへの支払いや、関係者への寸志も含まれます。また、告別式と同じ日におこなった初七日の費用も含めることができます。ただし、それ以外に付随した出費や四十九日の法要になると、葬儀費用に含めることはできません。

②仏壇・仏具、お墓

墓地や墓石、仏壇・仏具、神を祀る道具など、宗教的な意味を持つものや日常礼拝しているものには相続税はかかりません。

ただし、骨董《こっとう》的な価値があるなど、投資の対象となるものには相続税がかかります。たとえば、数万円の仏具ならば非課税ですが、１００万円以上もする純金製の使っていない仏具になると相続税がかかります。それは、仏具というよりも貴金属であって投資の対象となると判断されるためです。

③死亡退職金

中小企業の経営者は、会社をつくったときから「死亡退職金」を準備していたかもしれません。これは、死亡したときに家族におりる退職金です。「500万円×法定相続人の数」が非課税になります。法定相続人が3人いれば、1500万円が非課税範囲になるわけです。

相続税を今すぐ払えない。そんなときどうする?

相続税は現金で一度に納めるのが原則です。しかし、相続税を払おうにも手持ちのお金がないこともあります。どうしても現金納付ができないというときは、延納、物納という方法をとることが可能です。

延納とは、税務署に対して相続税を繰り延べ払いする方法で、利子税の支払いと担保の提供が必要です。延納できる期間は条件によって異なります。たとえば、遺産に占める不動産等の割合が50％未満の場合は最大5年、50％以上の場合は条件によって最大10年から

20年までの延納が可能です。

延納を認めてもらうには、延納申請書を提出して、現金で支払いができない理由を書く必要があります。また、相続人個人の資金繰りも税務署に見せなければなりません。

これを嫌う人は、金融機関から借り入れをしたり、不動産仲介会社による相続税立替払サービスなどを利用されているようです。

ここで考えていただきたいのは、相続税は一時の支払いだということです。毎年払うものではありません。

「一時の支払いは一時の財源で」という原則をご存じでしょうか。相続税のような一時の支払いを、長期間にわたって支払おうとすると、必ず5年後、10年後に苦しくなってきます。それよりは、相続した不動産を売却して一度に支払ったほうがいいと私は考えています。

物納とは、第2章でも触れたように、物で納めることです。現金納付や延納でも支払いができない場合に認められます。

これには、物納申請書を提出して、現金や延納で支払えない理由を示すとともに、物納に不適格な財産ではないことを証明しなくてはなりません。

現金納付、延納、物納の割合を調べてみると現金納付が大半で、とくに相続税があまり高くないケースでは現金納付が圧倒的に多くなっています。

私どもの統計では、2010年から2012年までの3年間の平均を見ると、件数では現金納付が95％、延納が3％、物納が2％となっています。金額では現金納付が89％。延納が7％。物納が4％の割合でした。

相続の行方を左右する、相続人以外の関係者

遺産分割協議をうまくまとめるコツとして、意外なキーポイントとなるのは、相続人以外の関係者の扱いです。

とくに重要なのは、相続人の配偶者です。配偶者のかかわり方によっては、相続がひどくモメることもありますし、逆にスムーズに進むこともあります。難しい立場に置かれている人間なのです。

まず、奥さんの実家に相続があった場合を考えてみましょう。このとき、旦那さんの立場や距離感はじつに微妙です。

出すぎてしまうと、奥さんに嫌がられます。かといって、無関係を決め込んでいると、「ねえ、どう思う？」と奥さんに必ず相談を持ちかけられます。「それじゃあいうけれど」などと、思っていることを正直にいうと、やっぱり怒られてしまう。この距離感が難しいのです。

私は、妻の実家の相続に対する男の態度としては、遠からず近からず、いわゆる「腕の届く距離」がいいと考えています。いわゆる「アームス・レングス」といわれる関係で、これ以上近づくとうっとうしく、これ以上離れると無責任だという距離を保つことが大切です。このアームス・レングスは、世の中のさまざまな人間関係にもあてはまるコツだと思います。

では、旦那さんの実家で相続があった場合はどうでしょうか。これは、アームス・レングスではなく、引き込んでしまったほうが得策です。

私たちの実務上の経験で説明しましょう。私たちが相続のお手伝いをすることになり、幸いにその方のお宅に行けたとします。すると、奥様がお茶を出しに来たときに、私たちは必ずこういうようにしています。

「奥様もちょっと一緒に座っていただけませんか？」

すると、必ず「いや、私は相続人ではありませんので」と断られます。

そこで、しつこくがんばります。

「いや、もう旦那様のことについては奥様が一番の理解者です。奥様にも直接お話ししておいたほうが、何かとご夫婦でご相談になれますので、ぜひとも一緒に聞いてください」

そうすると、どうしても戻るという人は別として、たいていの人は一緒に話を聞いてくれます。

なぜ奥さんの場合は引き込んだほうがいいかというと、男性は口数が少ないので、遺産分割協議などで話したことを、すべて奥さんに話さないからです。

そうなると、情報が正確に伝わりませんから、「自分の夫はだまされているのではないか」「みんなにうまいようにやられているのかもしれない」と疑心暗鬼になってしまうのです。

結果的に、旦那さんの家族でまとまった話も、家に帰ってくると奥さんから「あなたはだまされているのよ。次はもっと主張しなさいよ」などとハッパをかけられて、また話が振り出しに戻るという例もあるのです。ですから、奥さんに対しては、話を旦那さん経由に限らないことが大切なのです。

相続人以外の関係者というと、親戚縁者も挙げることができます。おじ、おば、いとこといった人たちです。こうした人たちは、法律的にいうと無関係者なのですが、精神的には重要関係者です。ですから、どうしてもその目は意識せざるをえません。

とくに、土地を売却するべきかどうか迷ったときなど、親戚縁者の顔が次々に浮かんできて、決心がつかないという話もよく耳にします。

そうした人には、「相続の機会にまとめて売ったほうがいいですよ」とアドバイスすることにしています。というのも、「相続で土地を売るのは仕方がない」という共通の認識が誰にもあるために、それほど反発は起きないからです。

ところが、相続でもないのに土地を売るとなると、「あの戯《たわ》け者め。遊びで金を使ったんじゃないか」「先祖代々の土地なのに」とひどい反発を受けることになってしまうのです。

いずれにしても、親戚縁者から精神的な圧迫を感じることは避けられません。そうしたプレッシャーを少しでもやわらげるには、普段からのコミュニケーションが大切です。

あなたがもし本家の人ならば、法事などでたまにやってくる親戚縁者には、お車代と手土産を忘れずに用意しましょう。そうしたほんの少しのことだけで、相手の心証は大きく変わってくるはずです。

【コラム】論より焼香

税理士の仕事というと、財産を評価して税金を計算すること——つまり、ドライな金勘定ばかりだと思っているかもしれませんが、けっしてそんなことはありません。

とくに、私たちのやっている相続に関しては、みなさんが想像しているよりも、はるかにウエットな世界なのです。

たとえば、法人との契約がほとんどの一般の税理士とは違い、相続専門のメンバーは、当然ながら、お客様の家庭のなかで仕事をすることが多くなります。そこでは、数字や理論だけではお客様に信用されません。

おもしろい例を紹介しましょう。

私たちのスタッフが徹底しているのは、ご家庭にお邪魔したら必ず、

「落ち着かないので、お線香をあげさせていただけませんか」

と申し出ることです。

そして手を合わせ、心のなかでお願いします。

「お手伝いすることになりました。一生懸命お手伝いします。どうぞ兄弟姉妹のみなさまがモメないようお導きください」

相続というのは、理論で説得するのは難しいのですが、こうしてお客様の気持ちに寄り添うことがまず大切な仕事なのです。新しく入った従業員には、最初にこの訓練をします。法律の解釈をあれこれ理論的に説明するよりも、お焼香1本をあげたほうが、

「ああ、この人は真剣にやってくれるな」

とはるかにお客様の信用を受けることができるからです。

名付けて「論より焼香」です。

もちろん、お客様に寄り添いたいという気持ちは誰にでもあるはずですが、問題はそれを相手に受け取ってもらうことです。そのためには、気持ちをきちんと形にして表現することが大切であり、その形のひとつが焼香なのです。

私は無宗教の人間ですが、手を合わせるという行為には、人を素直にさせるものがあると感じています。

ですから、遺産分割協議の前と、遺産分割協議が終わったあとには、関係者がみんなでお焼香をするというのが私たちのルールになっています。もちろん、私たちのルールです

から、お客様がやるかどうかは別の問題です。

ただ、お焼香をして仏壇に手を合わせることで、相続の関係者が素直な気持ちになれると私は信じています。ですから、争いもなく後腐れもないスムーズな相続のためにも、お焼香は重要だと思っています。

第4章

日本一相続を見てきてわかった「相続以前」に大切なこと

本来、相続対策は親にとってメリットがない

「相続対策は、親が元気なうちにはじめるのがいい」という話をよく聞きます。

確かに、親が亡くなってあわててはじめても、間に合わないこともあります。また、健在であっても認知症が発症して、うまく意思の疎通ができなくなって困ることもあります。ある意味、この言葉は正しいかもしれません。

しかし一方で、この言葉は親御さんの気持ちにかなっていないと私は思います。相続というのは、親が亡くなることを前提として考えるものだからです。誰も、自分が死んだことを前提として考えたくはありません。そこに、相続対策の難しさがあります。

ですから、少なくとも相続対策について、次のことを頭に入れておいていただきたいのです。

「親にとってみれば、事前に対策をしても経済的メリットはない」という事実です。

子どもとしては、親に相続対策をしてもらえるとありがたいのですが、親御さんのほうには経済的にも精神的にもメリットが何もありません。ひと言でいえばただ子どものため

だけの行為なのです。

子どもが生まれて以来、親は子どものためにずっと生きてきたといっても過言ではありません。しかし、相続の対象となる年齢になれば、子どもはもう一人前ですから、そこまで協力すべきなのかと思うのは当然です。残りの人生くらい、好きなようにやらせてくれよというのが、正直なところかもしれません。

そんな気分でいるのに、死ぬことを前提に相続対策をいわれるのは、ちょっと気の毒な話です。

子どもとしては、相続対策をしない人が一般的だというくらいのスタンスで向き合うのがいいと思います。それでも、もし親がやってくれるのならありがたいという気持ちになっていただきたいのです。

ところが、世の中には、「親ならば相続対策をするのが当然だ」とばかりに、配慮もない発言をする人が意外と多くいます。それが原因で、親がひどく気分を害してしまい、親子の間に大きな溝ができてしまったという実例を私はよく目にしてきました。

もちろん、できれば相続対策はしたほうがいいのですが、知らず知らずのうちに、親に圧力をかけていないだろうかということを反省しつつ進めるべきだと思います。

最近、「終活」というのがはやっているようです。確かに、介護、終末期医療、葬儀をどうするかということを、元気なうちから考えていこうという空気はできています。

しかし、よく見てください。世の中で熱心に終活をしている人というのは、何歳ぐらいの方が中心でしょうか。

終活のセミナーに出席する人を見ていると、80代の人はあまり見かけません。少なくとも、もう体がうまく動かなくて、本当に死を目の前にしている人は出席していません。それはそうでしょう。本当に人生の終わりが近づいている人は、そんなことに向き合いたくないからです。子どもはそれをよく理解しておくことが大切です。

むしろ、終活やエンディングノートに関心を持つのは、まだまだ元気な50代、60代くらいの人ばかりです。

ですから、危ういのは、50代、60代の人たちが、「自分が終活を意識しているから、親にも終活してもらおう」と考えて、強引に相続の話をしてしまうということです。そうすると、親の不興を買って失敗してしまうという例が多いようです。

「相続」を「争族」にするか、「爽族」にするか

親と子では、相続に対する向き合い方が根本的に違います。それを忘れてはいけません。親御さんにとっては、自分の人生の終わりを整理するようなことを、元気なうちから考えるのは、気持ちのいいものではないのです。

それを見誤っていると、同じ「相続」であっても、家族が争う「争族」になってしまいます。その微妙な認識のずれを自覚して、ぜひとも円満解決の爽やかな家族「爽族」にしていただきたいと思います。

世の中では、相続で起きる問題の多くが、きょうだいの争いであると考えられています。この本でも、ここまではそれをおもに取り上げてきました。

もちろん、それはそれであるのですが、親と子の関係もまた、「相続」を「争族」にするか「爽族」にするかを左右する重大なテーマでもあります。親と子の気持ちがすれ違っていると、親は相続対策に協力してくれません。しかし、両者の気持ちが合致して、同じ方向を向いていれば、事前にさまざまな有効な対策が打てるのです。

たとえば、第1章で紹介したように、お母さんが介護施設に入ったときに「住まない実家」をどうするかは大きな問題になります。亡くなってからならともかく、介護施設に入っただけではいつ戻るかもしれないので、いくら税法上で得だからといっても、普通は家を売る決心がつきません。

でも、普段から親子のコミュニケーションがうまくいっていて、相続対策についても同じ方向を向いていれば、違う結論が出てくるかもしれません。

お母さんが元気なうちから、「私が認知症になって介護施設に入ったら、家は売って構わないわよ」といわれていれば、気持ちが吹っ切れて売ることができるでしょう。

ところが、お母さんと子どもで意思が疎通していなければ、そんなことはできません。たとえ売りたいと思っても、親戚縁者や世間がどう思うかと考えると、二の足を踏んでしまうのが当然でしょう。

そういう意味で、普段から話し合っておける環境があると、お互いに気持ちよく暮らすこともできて、しかも金銭的にも得になるのです。

じつは、親が介護施設に入るというタイミングは、それ以後のことを考えはじめる大きなきっかけになります。

相続を完了させるには、亡くなってから10カ月以内という締め切りがあります。そこで、いきなりきょうだいの間でいろいろなことを話していくには時間が限られています。それよりは、介護施設に入所したタイミングでいろいろ話をしておいたほうが、あとあとスムーズに運ぶことになるのです。

もっとも、介護施設に入る時点では、多くの親御さんは程度の差こそあれ認知症を発症しています。そうなると、相続に関する相談は難しくなってしまいます。

やはり、できれば普段から親子のコミュニケーションを密にしておくことが大切です。

相続は「当たり前」ではなく「有難い」もの

相続で引き継ぐ財産は、あくまでも親がつくったものです。それを、子どもが引き継ぐのは、けっして当たり前ではありません。そこを忘れていると、親子の間に溝ができるきっかけとなってしまいます。

もらう側は、「ありがとう」と感謝の気持ちを出さないと、あげるほうは「あれ、せっかくこんなにあげているのに」と思ってしまいます。その気持ちに応えてあげることが大切です。

年配の方にとって、「幸せとは何?」という質問には、3つの答えがあるといいます。

それは、「勝ち取る幸せ」「もらう幸せ」「できる幸せ」です。

「勝ち取る幸せ」とは、お金がたまった、有名になったといった幸せです。いわば、自分のブランドを勝ち取ったわけです。

「もらう幸せ」というのは、反応をもらう幸せです。相手にものを贈ったときに、喜ぶ笑顔をもらう幸せ。

「できる幸せ」というのは、一番崇高なもので、相手からの反応がなくても感じることのできる幸せです。

贈与や寄付というのは、基本的には「できる幸せ」です。だからこそ崇高な考え方だといってよいでしょう。ただ、その心境までいくのは難しいものです。親もまた人間です。「できる幸せ」で我慢させるのではなく「もらう幸せ」を味わってもらおうではありませんか。

ですから、何かをもらったら、喜ぶという反応を見せるのはいい親子関係だと思います。

男性の場合、あまりそういうことを口にしていないかもしれませんが、そのときくらいは、きちんと感謝の言葉をいっておくべきでしょう。むしろ、ふだんいわない分だけ、うれしく感じてくれるはずです。

たとえば、孫の教育資金を出してもらったら、その場で「ありがとう」と感謝の言葉を述べるのは当然のこと。さらに、入学式の写真を撮って送って、「おかげさまで入学できました」というのは素晴らしいと思います。

親のしたことが子や孫にとって、どれだけ役立ったかというのをメールや手紙などの形で示すのは非常にいいことです。

「ありがとう」という言葉は、もともと「有り難し」、つまり「めったにないこと」が語源だといわれています。親からの相続は、もらって当然だと思ってしまわずに、ありがたいこと、めったにないことだという気持ちが大事だと思うのです。

親として一番の喜びは、子どもに自分の思いを継いでもらうことです。そして、子々孫々に思いをつないでもらいたいという気持ちを、子どもは理解することが大切です。

そして、その親の思いを受け継いでいく基盤となるのがお金です。

そう考えれば、遺産が子どもに行くのは自然な流れではあります。子どもが一番、親の生きざまや生き方を理解してくれているという前提があるからです。子どもがもらってくれれば、一番うまく使ってくれるだろうというのが、渡す側の心境です。

ですから、遺産を相続する子どもとすれば、税金を安くするのが目的ではなく、どう継いでいくかとか、つないでいくかということを考えるのが一番重要なのだと思います。

お子さんのいない方は、「あの森を維持する費用にあててほしい」「がん撲滅運動に使ってほしい」という形で、自分のお金を寄付されるというケースをよく見受けます。

それもまた、自分の思いを継いでほしいという意思の表れだと思います。お金は、その思いを実現するための基盤ですから、そこをうまく継いでくれる団体や組織に寄付したいという気持ちがあるのでしょう。それは、相続の根本にかなった話だと思います。

その相続対策では、かえって親子の縁が切れる!

「お母さん、元気なうちに遺言書を書いておいてよ。困るのは俺たちだからね」

親に対して、こういうことをいった人がいました。

もちろん、悪気があったわけではありません。知り合いの家族が相続でモメたのを見て、そうならないように自分の家族でも対策をとっておこうと考えていったわけです。

しかし、これは親に対していってはいけない典型的なNGワードです。

親とすれば、「私が死ぬのを待っているの？」と受け取ってしまうからです。へそを曲げたお母さんは、結局、遺言書を書いてくれず、親子の関係がぎくしゃくしてしまったといいます。

このように、親に言い方や伝え方を間違えたばかりに、相続でモメたケースはよくあります。

なかには、こんなこともありました。うちのお客様なのですが、「遺言を書き直したいんですけど」といって相談にやっていらっしゃいました。

理由を尋ねると、こうおっしゃるのです。

「長男が私に向かって、相続対策はどうなっているんだという話をするんですよ。腹が立っちゃってねえ、長男の取り分を減らそうと思って来たんです」

これはけっして例外的なことではありません。子どもの言葉に親がカチンときて、ほかの人へ多く相続させようとするのは、よく聞く話です。不用意なひと言で、へたをすると親子の縁が切れることさえあります。注意していただきたいと思います。

では、直接、「ああしろ、こうしろ」といわなければいいのかというと、そんなことはありません。

「お母さん、相続税大変なんだって。ちょっとこの本でも読んでおいてよ」

こういって実家に本を置いて帰るのは、最悪なやり方だといわれています。自分が直接いうのは嫌だから、本のせいにしてしまうわけです。

本書もぜひ多くの人に読んでいただきたいのですが、不用意に親御さんに手渡すことだけは気をつけていただきたいと思います。

「困るのは俺たちだからね」「モメないようにしといてくれ」という言葉も、やはりNGワードです。

子どもが「ちゃんとお墓を整備しといてよ」というのもいけません。親にとっては、墓を整備しろという話はないだろうと思ってしまいます。そんなのは自分で好きなように決めるよといいたいでしょう。

また、親の相続がちらついてくると、自分の周辺で相続税で困った話というのがだんだんと耳に入ってきます。

「田中さんちでさ、こんなことあったんだよ。なんか、子どもたちがもう真っ青になっちゃってさ」というように、これ見よがしに、よその事例を話すのもよくありません。下心を感じます。

ましてや、息子が、奥さんの実家の相続の話を持ち出してきて、「大変だったんだよ」などと親にいうのはタブーです。お母さんにとって、子どもの結婚相手の家は永遠のライバルです。息子であれば嫁の実家、娘であれば婿の実家は、ただでさえライバルですから、それに加えて相続の話などをしたら、心中穏やかではありません。

「じゃあ、私にどうしろというのよ！」とキレてしまうかもしれません。

「そんなつもりでいったんじゃないのに」となだめても手遅れです。

結論をいうと、相続を客体で扱うのがいけないのです。わかりやすくいうと、自分が汚れ役を引き受けることなく、親に何かを気づかせようという話が一番よくないのです。

相続は自分たちの話です。主体で扱わなくてはいけません。自分たちのこととして真剣に向き合っていけば、親は理解してくれるはずです。

親子の関係ほど、あてになる人間関係はありません。子どもが親のことを思えば、絶対親は子どものことを思うに決まっています。

これが他人だったらそうはいきません。誰かのためにと一生懸命やっても、必ずその人はこちらへ気持ちを向けてくれるかというと、そうとは限りません。

しかし、親は必ず理解してくれます。どんなことがあっても、子どもの最大の味方は親なのです。ほかに味方はいないと思っているくらいで間違いありません。

そこを認識して、「親が喜ぶようなことをすれば、必ず親は子どもが喜ぶようなことをしてくれる」ということを頭の隅に置いておいてほしいのです。

親ができる相続対策

親にとって相続対策は気が進むものではありません。また、子どもから積極的にお願いできることでもありません。それでも、もし親から提案されたなら、やってもらえたらありがたい対策があります。

ここでは、親ができる相続対策について、効果的な方法をいくつかご紹介しましょう。

◇生前贈与で相続財産を減らす

・暦年贈与

生前贈与とは、文字通り、親が生きている間に子どもに財産を贈ることをいいます。もっとも、むやみに贈与していいわけではありません。資産を贈与すれば、その価値に応じて贈与税がかかります。

では、生前贈与をすると、なぜ相続対策になるのでしょうか。

生前贈与のメリットは、贈与した分が親の相続財産から減少することです。課税の対象となる財産が減るわけですから、当然相続税は少なくなるわけです。

デメリットもあります。それは、金額にもよりますが、贈与を受けた子どもに贈与税がかかる場合があることです。

結論として、減少する相続税のほうが、贈与税より上回れば得になるわけです。

生前贈与の方法でよく使われているのが、第３章でも紹介したように、子どもの名義で預金口座をつくり、そこに毎年１１０万円ずつ振り込む（贈与する）「暦年贈与」です。

暦年贈与の場合、年に１１０万円までなら贈与税がかからないことは、すでにお話ししたとおりです。

この贈与の方法ならば、10年間で１１００万円の財産を移動することができるので、かなりの節税効果になります。一方、欠点として、税務署に「名義預金」だとみなされる可能性があるともいいました。名義預金だとみなされると、預金口座の残高は相続税の課税対象になってしまいます。

では、どうすればよいのでしょうか。

その対策を説明する前に、名義預金なのか贈与なのかを区別する条件があります。

名義預金であると判断される条件は、「もらったことを子どもが知らない」「お金を使っていない」「子どもが印鑑を所有してないので使えない」などです。

贈与であると判断されるのは、「もらったことを子どもが知っている」「お金をその口座からおろして使っている」「印鑑も所有している」などです。もっとも、これだけでは、なかなか証明するのは難しいときがあります。

それにたいして、これならほぼ間違いなく贈与だと判断されるのが、「贈与税を申告して納税している」という条件です。

「節税の方法なのに、なぜ贈与税を払わなくてはならないのか？」と疑問に思われるかもしれません。

しかし、多額の贈与税を払うわけではありません。最低限の金額でいいのです。あらかじめ、それを支払っておくことで、のちのち相続の場面において、名義預金と判断されるリスクが取り除かれれば、これほど安いことはありません。

具体的には、次のようにします。

贈与税の速算表

●20歳以上の者が直系尊属から贈与を受けた場合

基礎控除後の課税価格	税率	控除額
200万円以下	10%	−
400万円以下	15%	10万円
600万円以下	20%	30万円
1000万円以下	30%	90万円
1500万円以下	40%	190万円
3000万円以下	45%	265万円
4500万円以下	50%	415万円
4500万円超	55%	640万円

●上記以外の場合

基礎控除後の課税価格	税率	控除額
200万円以下	10%	−
300万円以下	15%	10万円
400万円以下	20%	25万円
600万円以下	30%	65万円
1000万円以下	40%	125万円
1500万円以下	45%	175万円
3000万円以下	50%	250万円
3000万円超	55%	400万円

（平成27年1月1日以降）

毎年120万円を贈与します。すると、基礎控除の110万円の枠を10万円オーバーします。この10万円に対しては10%の贈与税が課せられますので、もらった子どもは1万円を納税するわけです。

この1万円の納税こそが、「この口座は私が使える口座です」ということ証明する強力な証拠となるのです。これが、「暦年贈与」を活用した賢い節税対策です。

・教育資金贈与

祖父母から、30歳未満の孫やひ孫に教育資金を贈与すると節税対策になります。その分だけ相続時の課税対象となる財産が減るからです。

とくに、2013年4月1日から2019年3月31日までの間は、一括して贈与した場合でも非課税となりました。高齢者の預金を使ってもらい、景気をよくしようとする目的も兼ねています。

非課税枠は、孫(ひ孫)1人につき1500万円まで。つまり、孫が4人いれば、6000万円もの資産を減らすことができます。祖父母にとっては孫の喜ぶ顔が見られ、子ども(贈与を受ける孫の親)にとっては効果的な節税となる一石二鳥の対策といってよいでしょう。

ただし、孫に直接手渡すのでは認められません。金融機関に専用の口座をつくり、そこに一括して入金します。そして、その金融機関を通して税務署に申告書を提出することで、はじめて非課税になるのです。

よいことずくめのように見える教育資金贈与ですが、いくつかの問題点もあります。

第一に、子どもや孫の自立を妨げるという点。黙っていても最大１５００万円のお金が入ってくるのですから、もらうほうからしてみれば、棚からぼた餅です。苦労して稼いだお金で勉強をするというありがたみが、やや薄くなるおそれはあります。

第二に、孫が複数いるときの問題です。本家の孫だけに贈与したり、優秀な孫だけ贈与額を増やしたりすると、あとあと祖父母が亡くなったときにトラブルのもとになります。「そっちはたっぷり教育費をもらった」「うちはもらっていない」という言い合いになって、遺産分割協議が紛糾する原因となります。

第三に、一括して贈与できるようになったために、逆に孫の喜ぶ顔を見るチャンスが減ってしまうということです。

「子どもや孫が喜ぶ顔を見るのがうれしくて、定期的に教育資金を贈与してきましたが、この機会に一括して贈与したほうがいいのでしょうか？　寂しい気がするのですが……」

こんな悩みを持っている方は、前の項で紹介した暦年贈与のほうが目的に合っていると思われます。そうすれば、毎年喜ぶ顔を見ることができます。

私のお客様で、教育資金の贈与を毎年のイベントにした家族がいらっしゃいます。

それによると、年に1回、お子さんとお孫さんと一緒にディズニーランドのホテルに集まり、家族全員で食事会をしながら贈与のセレモニーをしているというのです。いってみれば、教育資金贈与式です。

家族が一堂に会することで、お孫さんが喜んでいる顔がじかに見られるとともに、3世代のコミュニケーションを密にできる素晴らしいアイデアです。しかも、お子さんたちは翌日にディズニーランドで遊べますし、自分たちはゆっくりと過ごすことができるわけです。それを聞いて、素敵なアイデアだなあと私は心から感心しました。

・住宅取得等資金贈与

子どもが親に建物の資金を出してもらうのも、相続税対策に有効です。その分だけ親の財産が子どもに移転することになるからです。しかも、一定金額まで贈与税が非課税になります。

これが住宅取得等資金贈与という制度です。20歳以上の子どもや孫が、自分が住むための家を新築するか取得する際に、その資金を親から贈与されたときに適用されます。

非課税限度額は、一般住宅の場合は２０１５年が１０００万円、２０１６年が７００万円です。また、一定の省エネ性や耐震性を満たす住宅の場合は、２０１５年が１５００万円、２０１６年が１２００万円までとなっています。

相続時精算課税という制度を使うと、さらに贈与してもらうことも可能ですが、相続対策が必要なほど財産を持っている方にはあまり意味のない制度なので、ここでは詳しく触れません。

◇建物の修繕・土地の測量で不動産経費を減らす

不動産にかかる費用は、親の生前に出しておくほうが節税になります。

たとえば、土地の測量や建物の修繕といったことは、いつかは必要になります。それならば、相続前に親のお金から出費しておけば、相続税の課税対象額が減って相続税を減らすことができるわけです。

土地の測量については、いずれにしても相続財産を確定するときに必要になる可能性がありますそれなら、前もってやっておいたほうが得策です。

もっとも、子どもから「相続対策で測量をしよう」というのでは、親はおもしろくありません。タイミングが重要です。その点、隣家との境界が問題になったときはチャンスです。そんなときにでも測量を実施しないと、なかなか動き出せないというのが実情でしょう。

一方、建物の修繕なら、いろいろな手が考えられます。よくあるのは、実家のリフォームです。

たとえば、500万円かけてバリアフリーにしたり、水まわりをきれいにしたりするのもいいでしょう。ひとり暮らしの母親のために、2階にあった寝室を1階に移すというのもいいと思います。

500万円かけてリフォームすると、預金は500万減ります。一方で、相続の際の建物の評価額は、固定資産税評価額ですから、リフォーム程度では増えないことがほとんどなのです。住み心地がよくなって親が喜ぶと同時に、効果的な相続対策にもなるので一石二鳥です。

じつは、リフォームで私が一番おすすめなのは、家のなかの全館空調です。これは、オフィスでは常識となっているのに、一般の家屋ではほとんど進んでいないのが不思議です。各部屋にエアコンを入れているのは、経済的とはいえません。しかも、全館空調にすると、冬場の風呂場の脱衣所やトイレの気温も暖かくなります。ここが寒いことで、お年寄りが倒れるという事故がしばしば発生するのはご存じのとおりです。

全館空調は、世の中で思われているほど費用はかかりません。一般家庭ならば、２００万～３００万円程度でできてしまいます。もっとも、気密性の低い家では、すきま風などで冷暖房効果が薄れてしまうので、その対策も必要になるかもしれません。

◇遺言書を用意する

親ができる相続対策は、なにも節税だけではありません。子どもたちにとってなによりもありがたいのは、遺言書を遺してくれることです。

前にも書きましたが、生前に遺言書を用意している人は、全体の１割程度です。５億円以上の資産家でも18％程度にすぎません。

もちろん、遺言書を書くのはおっくうですし、子どもの取り分に差をつけることになりますから、気が進まないのは仕方ありません。

しかし、遺言書があれば、遺産分割協議は非常に楽なものになります。遺言どおりやればいいのですから、多少の不満があっても話はまとまります。だからこそ、私のような税理士の目から見れば、親に遺言書を書いてもらえれば、子どもは手を合わせたくなるほどありがたい話なのです。

しいていえば、遺留分を侵している遺言書は問題になります。その場合でも、遺言書という基本方針があれば、あとは細かい問題です。遺産分割協議でどうしようもならない状態を10とすれば、そのときの問題は2か3という程度のものでしょう。

◇今後の方針を示しておく

遺言がなくても、生前に親が方針を示しておくことは大切です。それによって、相続はスムーズに進みます。

こんなエピソードがありました。

十数年前にご主人を見送って、今は神奈川県川崎市の武蔵小杉にある70坪の家に住んでいる奥様から受けた相談です。この方は、自宅のほかに貸家などで有効利用している土地が２３０坪あり、合わせて約３００坪の土地を所有していました。

お子さんは長男と次男の２人。いずれもお母様の敷地のそばに一軒家を所有しています。お母様が亡くなって相続が発生すると、相続税が１億６０００万円かかることがわかりました。

ところが、預金は７８００万円しかありません。そうすると、納税のために70坪の土地を売らないとなりません。とはいっても、土地はすべて有効利用していて、簡単に売る土地は見当たらないのです。

そこで、どういう相続税対策があるのかと、ご相談にいらっしゃったのです。私どもは、次の３つの対策を提案しました。

①自宅のリフォーム

リフォーム費用にお母様の預金をあてることで、預金が建物の一部に変わるわけです。２０００万円の改装で、８１０万円の節税になります。

②記念館づくり

お母様の趣味のもので家を飾り、お母様にとって気持ちのよい空間をつくります。その費用に預金を３０００万円あてることで、１０８０万円の節税になります。

なります。

③暦年贈与

息子さん2人に毎年120万円ずつ10年間贈与します。すると、1080万円の節税になります。

さて、この方はどの対策を選んだのでしょうか？

答えを先にいうと、どれも選びませんでした。生きている間には何もしないことに決めたのです。では、どうするのかというと、お母様がお子さん2人と話し合った結果、万一の場合は、今お母様が住んでいる一軒家の土地70坪を売ることに決めたのです。

息子2人はすでに自宅を所有していますし、ほかの土地は有効活用しています。それに対して、自分の家はもう必要ないだろうという判断です。

これは意外な結論でしたが、それを決断したお母様には敬意を表したいと思います。

もっとも、納税期限は亡くなってから10カ月後ですから、それまでに適切な価格で土地が売れるかどうかはわかりません。そんなときのために、現在では不動産仲介会社による相続税立替払サービスというものがあります。それを利用すれば、売り急いで買い叩かれる心配もありません。先に相続税を払って、あとはじっくりと売ればいいわけです。

これは、亡くなってからの方針を示した例ですが、なかには生前に不動産を整理してしまう人もいます。第2章で紹介した中村メイコさんがそのいい例でしょう。不動産のように分割が難しいものは、生前に親が住み替えをしておくと、子どもにはありがたいものです。

子どもができる相続対策

子どもから積極的にできる相続対策もあります。ただし、子どもが単独でできることは、正直いって何もありません。基本方針は、あくまでも親に喜ばれること、親との関係をよくすることにあると私は考えています。

「親孝行、計ってみれば数億円」というのが私の持論です。

親孝行の息子さん、親孝行の娘さんは、お母様とよく話すことができます。そして、下心なく親孝行を心がけていれば、それがいつしか自分のプラスとなってくるのです。

◇親が喜ぶ「ひとり帰省」のすすめ

相続税の改正があってから、さまざまな節税方法のテクニックを紹介する新聞・雑誌の記事や書籍を目にするようになりました。しかし、長年相続に携わってきた私の目から見ると、「そんなことは現実的にできるわけがないだろう」という小手先のテクニックが多いのです。

それよりも、まずは親子のコミュニケーションをとるほうが、はるかに重要です。

その方法として、私がおすすめするのはひとりで帰省することです。ひとりで帰省する日数が多いほど相続が円滑に進みます。

実家の帰省というと、お盆や年末年始に一家で帰省するのが一般的ですが、本当に親を喜ばせる方法は「自分の誕生日」に「自分ひとり」で帰省することです。普通、家族で親の家に行くことはあっても、ひとりで親を訪ねるというのは、年に1回あればいいほうで、なかなかないのが世の中です。

よく聞く話は、奥さんに配慮して旦那さんは母親の家に行かないというのですが、それは逆です。旦那さんがひとりで実家に行けば、奥さんもひとりで自分の実家に行きやすくなるのです。

お母さんも、息子夫婦、娘夫婦が2人で来たのでは、なかなか本音で話ができないでしょう。でも、実の息子や娘がひとりでくれば、心置きなく話すことができるのです。

出張のついでに実家に顔を出すというのは、非常にいいやり方だと思います。それならば、必然的にひとりになるので文句なしです。もし、日程を自由にやりくりできるのなら、金曜日に行って土日ゆっくりして戻ってくるということが理想的です。

また、息子の場合は、自分の誕生日にお母さんを訪ねるのが効果的だといいます。

私が聞いた話では、息子さんが55歳や60歳という節目の年に、自分が母親のところに行って、「今日は僕の誕生日だよ」といったのだそうです。

「知ってるわよ」

「まあ、いろいろあったけどさ、まあ、産んでもらってよかったかな」

ぼそっといったのが非常に効いたようで、お母さんはとても喜んでくれたとのことです。

誤解のないように付け加えますと、節税対策を目的にしてコミュニケーションを大切にしろというのではありません。親は子どもの心などお見通しですから、そんな下心が見え見えではいけません。

そうではなく、いい相続をする――つまり、親の「相《すがた》」を受け止めて、それを後世に「続」

けていくという気持ちで、親とコミュニケーションをとるのがいいと思います。

それには長い時間をかけて、じっくりと進める必要があります。もし、その辺がうまくいったと仮定して、お母さんが「相続で何かやってあげようかしら」といったときに、はじめて、以下に述べる対策ができるのだと考えていただきたいのです。

◇「聞き上手」は「相続上手」

日頃から親とコミュニケーションがとれていると、意外な効用があります。

相続する土地の評価額を下げること（土地の評価減）などはそのいい例でしょう。その土地にまつわるいわく因縁を聞いておくと、それを理由にして土地の評価減ができるかもしれません。

たとえば、「昔は、ちょっと雨が降ると、このあたりはよく水がでたのよ」「戦時中は近くに工場があって、下になにが埋まっているのやら」「最近それほどでもないけれど、風向きによっては変な臭いがしてくるの」といった話です。

普段から親子のコミュニケーションができていれば、何かの雑談の折にそういう話題になることがあるでしょう。そうした情報が多ければ多いほど、税理士に伝えてくだされば、それだけ相続税は安くなる可能性が高くなるのです。

もちろん税理士はプロですから、親御さんからの話がなくても、さまざまな情報を集めてきて評価減を目指します。とはいえ、あればあったで、うれしいことは確かです。

最近では、インターネットでも各地の古地図が比較的簡単に見られるようになるなど、便利な時代になりました。それでも、地図を見ただけでは読み取れない情報もあります。実際にそこで暮らした人の記憶ほど、確かな情報はないのです。

「でも、どうやって親からそうした情報を聞けばいいのでしょう？　うちの親とは共通する話題があまりなくて……」

ご心配なく。誰でも聞き上手になれる、とっておきの方法があります。

それは、「親と同じ言葉を繰り返すこと」です。

たとえば、息子が久しぶりにひとりで実家の母親を訪ねたとしましょう。年配のお母さんは、いろいろと体のあちこちの不調を訴えることでしょう。

「今日は頭が痛いのよ」といったとき、聞き上手の息子さんは、「ああ、そう。今日頭痛いんだ？」と、繰り返せばいいのです。けっして、「病院へ行かなくちゃ」といってはいけません。

お母さんは、ただ息子と話をしたいだけなのであって、そのために身近な話題を持ち出しているのです。息子が同じ言葉を繰り返せば、さらにお母さんは話題を進めていくでしょう。

「そう、さっき近所の○○さんと会ったらね」といわれたら、「○○さんと会ったんだ」と答えればいいのです。

「相変わらずひざも痛くてね」といわれたら、「ひざが痛いんだ」「ああ、相変わらずだね」などと答えるのです。

この繰り返しが、聞き上手のコツです。

◇自分史づくりは親との最高のコミュニケーション

親が喜ぶ会話のきっかけというものもあります。

ひとつは、家系図をつくるということ。

「自分なりに家系図をつくってみたいから、話をちょっと聞きに来た」

自分のルーツ探しのために、親の先祖の話、田舎にいる親戚の話などを聞くと、お母さんは間違いなく、喜んで教えてくれるはずです。

さらに進めて、親の話を参考にして、自分史をつくるというのもおすすめです。50歳代、60歳代の子どもが自分史をつくるとなると、当然のことながら、親に「オレの小さい頃って、どんな子どもだったっけ？」と聞きにいくことになります。

すると、目の前にいる息子が本当は60歳であっても、お母さんにとっては、その瞬間、5歳の幼児に逆戻り。幼い頃のエピソードを、次々に話してくれることでしょう。

「僕が小さい頃、どこにいたんだっけ？　一緒に行ってみない？」となれば理想的。これを、私は「センチメンタルジャーニー」と呼んでいます。親子で、昔住んでいた土地を訪ねるというのは、コミュニケーションを親密にするいい方法です。

自分史のいい点というのは、自分の一生を振り返ることにより、親に対して感謝の念が湧いてくることとです。

じつは、私はこうした用途に使える『親子でつくるエンディングノート』（ソフトバンククリエイティブ刊）という本を、２０１３年につくりました。「エンディングノート」というと、いわゆる終活の一環として、最近評判になっています。ただ、世間に出ているエンディングノートは、いかにも「人生の終わりを目前にした人が、一生をまとめる」というあからさまなイメージが強すぎて、私には不満でした。まだ、死が他人事である60代の人には書けても、本当に人生の終わりを目前にした80代、90代の人には、書く気分にはなれないと思ったからです。

そこで私は、いわば「簡潔自分史」のような形式で、親子のコミュニケーションツールのためのエンディングノートにしたのです。たとえば、自分が5歳頃には、世の中でどういう事件が起こり、自分の家族にはどういうイベントがあったのかということを、ワイワイいいながら楽しく振り返ることができるよう工夫をしました。

自分史をつくるところまでいかなくても、実家に古いアルバムがあれば、そこに写っている人を尋ねて確認するのもいいと思います。何十年も前の写真になると、そこに写っているのが誰なのかわからなくなっています。親が生きているうちに聞かないと、もう永遠に闇のなかに埋もれてしまいます。

「頼りになるのは、お母さんだけなんだ」といえば、親は必ず身を乗り出して協力してくれることでしょう。

◇親が元気なうちからできることがある

相続対策は、親が亡くなってからはじめるのでは遅すぎます。

第1ステップは、元気なうちからはじめましょう。この章に書いたことを参考にして、親やきょうだいと今後のことを考えていくのが理想的です。

第2ステップは入院や介護施設への入居がきっかけになります。

ただし、この段階で家を売ったり貸したりすることは、まず考えられません。前にも書きましたが、介護施設の場合、戻ってくる可能性があるためです。実際には、戻ってくることは少ないのですが、それでも家に一時帰宅して家族で食事をしたり、庭木を見たりというチャンスはありますから、家はそのままにしておく必要があります。

ただし、この段階で、家のなかの片付けに着手したほうがいいかもしれません。というのも、のちのち実家を売ると決めたときに、ものが片付いていないとすぐに売却できないからです。実際に、私どもが扱っているケースでも、それで苦労している方がよくいらっしゃいます。

なにしろ、80年以上も生きてきた蓄積があります。そうそう簡単に片付けられるものではありません。

では、どう片付ければよいのでしょうか。

「いらないものを捨てればいい」と口では簡単にいえますが、それが難しいのです。1個

1個捨てるかどうかを判断していたら、いつまでたっても進みません。

一番いいのは「いいものだけを選ぶ」というスタンスです。記念館に残すものを抜き出す――実際につくるかどうかは別として、記念館をつくるとしたら最低限何を残しておけばよいかというイメージで選ぶのがいいと思います。

逆にいえば、そのくらいに考えないと、とても実家は片付きません。全品チェックなどをしていたら、いくら時間があってもたりません。それは、ご自分の部屋の片付けを考えても想像がつくでしょう。

ましてや、親に生前に片付けてもらえるというのは期待しないほうがいいと思います。遺言書を書いてもらうことを期待してはいけないように、部屋を片付けておいてもらうのを期待するのも無理な相談というもの。最初からそのくらいの気持ちで取り組むしかありません。

中村メイコさんのように、ものをきれいさっぱり捨てて、住む家もコンパクトにするというのは、あくまでもレアケースです。

第2ステップが過ぎれば、ほどなく第3ステップである相続のときがやってきます。

こうして、段階を踏んで対策をすることで、モメにくいスムーズな相続になる可能性が高くなります。

◇実家を「親の記念館」にする一石二鳥のリフォーム

第2章では、「住まない実家」を親の記念館にする方法を紹介しました。親が亡くなったあとも実家をすぐに売るのではなく、故人が描いた絵手紙を飾った記念館、お気に入りの写真を集めた記念館などにするという方法です。誰も住まない家を維持するのですから、経済的にある程度、余裕がある人向けとして説明しました。

じつはこれを生前からやっておくと、親も喜び、相続対策にもなって一石二鳥なのです。どういうことかというと、親の居心地がいい空間にするわけです。先ほどは、「親側の相続対策」として、リフォームや全館空調を紹介しましたが、これを子どもが提案するわけです。

親にあって子にないものは「お金」ですが、子にあって親にないものは「実行力」です。ですから、親の思いをくみとって実現してあげれば、親に喜ばれて相続対策にもなるのです。

ただし、親のお金を使うのですから、いくら親が住んでいる家とはいっても、そのあたりを納得してもらう必要があります。そこで大切になってくるのが、先ほどもいったように、親とのコミュニケーションです。親と同居しているにしても、別居しているにしても、じっくりと話を聞くことが大切です。

たとえば、同居しているお母さんに「冬は家のなかは寒くない？」と聞いて、「トイレが寒いし、風呂の脱衣所も寒い」という言葉が返ってきたとします。それに対して「それは仕方ない」といったのでは話は進みません。

そのときに、「それじゃ、トイレと脱衣所が寒くない家にすればいいんだ」と考えると、全館空調というアイデアが思い浮かびます。

また、お母さんがせっかく絵手紙をたくさん描いていても、箱に入れて押し入れにしまっているということもあるかもしれません。その場合は、こんな提案をするのもいいでしょう。

「せっかく描いた絵手紙なんだから、しまい込んだらもったいないよ。居間いっぱいに、得意の絵手紙を飾る空間にしてみたらどうかな？」

一部屋だけのリフォームならば、それほどお金がかからずにできるでしょう。

そうした提案していくことで、お互いの考えがわかってきます。また、親がどのくらい財産を持っているのかということも、おおよそわかってきます。

親は自分の意見が取り入れられて、居心地のいい家になって喜んでくれます。そして、子どもにとっては親の預貯金が建物に変わることで相続税評価額を低くでき、相続対策になるわけです。

ここで大切なのは、相続対策ありきではなく、あくまでも生活を向上させるために、全館空調なりリフォームなりを目指すことです。

その結果として、相続税も安くなるというのが上品なやり方であり、お母さんも納得してくれるコツです。最初から「相続税を意識してリフォームしましょう」というのは、あまり上品ではなく、人情的に合わないと私は思うのです。

もっとも、80代のお母さんは、おっくうがってなかなか腰が上がらないことでしょう。そこで、子どもたちが代わっていろいろ面倒を見てあげることが大切です。

コミュニケーションがとれている親子ならば、「じゃあ、オレの知り合いに頼んであげようか」といって、お母さんをその気にさせましょう。

すると、お母さんは必ず「でも、嫌よ。だって、家をいじっている間、私はどうすりゃいいの?」ということでしょう。そんなときに備えて、想定問答をつくっておくといいかもしれません。

「最近はさ、3カ月ぐらい貸してくれる家があるんだよ。どこか住みたいところはない？　昔の思い出の土地はどう？　高層マンションなんかどう？　3カ月ぐらいならおもしろいかもしれないよ」

そこまで子どもがいってくれれば、お母さんも乗り気になってくるはずです。

相続対策というのは、子どもはやってほしいけれど、親は気が進まないというものが大半ですが、そんななかで記念館づくりやそれにともなうリフォームというのは、親にとっても好ましい数少ない相続対策のひとつです。

一方、「相続対策としてどうかな？」と思うことは、実家を建て直して2階を賃貸併用住宅にすることです。確かに相続税は安くなりますが、知らない人が同じ家に住むというのは、お母さんはうれしくないでしょう。しかも、借金をして建てることで、あとで資金繰りが苦しくなるおそれもあります。

効果的な対策として、よく紹介される方法ですが、これはおすすめしません。

◇「一次相続はすべて配偶者に」が原則

親に相続対策をうまくやってもらうために、欠かせないのが「一次相続ではすべて配偶者に」という原則です。

雑誌や書籍には、「二次相続で子どもたちが多く相続すると有利だ」とよく書いてあります。確かに、資産の規模が大きい家では、二次相続の相続税が重くなるので、一次相続のうちに子どもたちに財産を相続したほうが、節税となります。

法定相続分は、一次相続では配偶者が2分の1、残りの2分の1を子どもたちが均等に分けることになっています。節税だけを考えるならば、配偶者を半分未満にして、子どもたちの相続分を多くしたほうが有利というのは、計算上は正しいのです。

ただし、それは「机上の空論」といわれても仕方がありません。なぜなら、それは遺された配偶者（多くの場合、お母さん）の今後の生活設計をまったく考慮に入れていないからです。

旦那さんが亡くなってから、奥さんが亡くなるまでの平均は約16年だといいましたが、この16年間の生活設計を何よりも優先して考えなくてはいけないのです。

節税よりは生活優先です。さらにいえば、節税より心情優先です。

私は、「二次相続はすべてお母さんに」をすすめています。子どもたちは、「全部お母さんでいいよ」と伝えればいいのです。お母さんも、そういわれることを待っているはずです。すべてお母さんが相続しても、配偶者の税額軽減や小規模宅地の評価減がありますから、かなりの資産家でない限り相続税はかかりません。

親子が同居している場合はなおさらです。

お父さんが亡くなった時点で、土地の名義をお母さんにすべきか、子どもにしたほうがいいのか、相談を受けることがあります。

同居ならお母さんにしたほうがいいとお答えします。というのも、同居なのに自分の名義でないと、心情的に他人の家に住むような気分になってしまうからです。

不動産を子ども名義にしておけば、二次相続のときに税金がかからないという人もいますが、それは当事者の心情を考えていません。

お母さんが住んでいた家ならば、お母さんが相続するというのは常識です。少なくとも、お母さんの持ち分は残しておくべきです。なかには息子（娘）夫婦の名義になったとたんに、お母さんをないがしろにしたという事例も聞きます。

子どもが、いきなり自分名義の土地・家屋を手に入れてしまうと、自分のものだから自分たちの思い通りに使えるという意識になって、親を大事にする気持ちが薄れてしまうのでしょう。

そもそも、二次相続で税金が高くなるといっても、その差額はたいしたものでないかもしれません。どうしても気になるのなら、税理士に相談して比較してみることをおすすめします。

もしかすると、数十万円程度かもしれません。正直な話、数百万円までならばたいした話ではないと思うのです。それよりも、お母さんの16年間の生活のほうが大切です。しかも、16年後には土地の評価額もどうなっているかわかりません。

◇きょうだい・親戚には「気をつかって金を使う」

きょうだいの関係にとって、相続というのは人生のなかで一番重要な場面です。なにしろ、遺産分割協議は全員同意でなくてはなりません。ですから、全員が顔を合わせて、とことん話し合わなくてはなりません。そんな機会は、おそらくそれ以後は一度もないことでしょう。

法事や結婚式で顔を合わせることもあるでしょうが、そこでは誰かが欠席してもそう大きな問題ではありません。「あいつは何をやっているんだ」「どうしたのよ」という話は出るでしょうが、基本的にその場限りです。

ところが、相続はそうはいかないのです。相続は、きょうだいの関係に一番影響のあるイベントであることは間違いありません。

正直な話、親の相続がすべて終わったあとと、相続が終わる前とでは、きょうだいの間の位置付けがまったく変わってしまいます。おかしな話ですが、相続が終わってしまえば、きょうだいの関係は徐々に薄くなっていくことが多いのです。

逆にいえば、相続前のきょうだいであれば、とにかく相続があることを念頭において気をつかうことが大切です。本家の人ならばなおさらです。

たとえば、法事や子どもの結婚式をするときは、お土産付き、交通費持ちにしたほうがいいのです。そこにお金を使うことで、将来、分家の人たちからの起こるかもしれない批判をやわらげることができます。

本家の人は、自分たちが偉いという態度を見せてはいけません。

「私は先祖代々の土地をお預かりしている管理人です。管理人としては、今日わざわざ遠いところから来ていただいてありがとうございます」

この「気をつかって金を使う」ことが、相続でモメることを防ぐコツです。

逆に、分家のほうは分家のほうで、本家とのコミュニケーションを欠かさないことが大切です。

私が聞いた話では、次男が出張や旅行で空港を利用するたびに、長男の奥さん（義理のお姉さん）に名産品を送り続けたというエピソードがありました。１０００円か２０００円のものを、ひんぱんに送っていたのだそうです。

ありがとうといわれるのを期待しているわけではなく、コミュニケーション術として素晴らしいことだと思います。

こういうことがあれば、いざ相続になったときに、義理のお姉さんとしては、「あの弟さんだけはなんとかしてあげてよ」と夫に口を利くことになるでしょう。

本家からのプレゼントとしては、甥《おい》や姪《めい》の入学祝いに、お金をはずんだほうがいいと思います。毎年あげる必要はないので、ここぞというときに、大きな金額をあげるのが印象に残るいいやり方です。

ものを贈るなら、ピアノなどは最高のプレゼントでしょう。ピアノを贈ってもらった側は、それを一生覚えています。「そんな高いものを！」と思われるかもしれませんが、深く考えてみると、遺留分を主張されることにくらべれば安いものです。

いずれにしても、本家からあげるときは、「やりすぎじゃないの?」と奥さんにいわれるくらいがちょうどいいと思ってください。目先の損得にとらわれることなく、長期的な視点で見ることが大切です。

もし、長男が奥さんから「あなた、人がいいわね。そんなにあげてばっかりいて」とあきれられているくらいなら、相続のときにモメない家族です。

金額が少ない相続ほどモメる!

興味深いことに、相続する財産が少ないほどモメるとよくいわれます。

これは事実です。

司法統計によれば、裁判所の調停まで進んだ(つまり、モメた相続の)件数を、2003年と2013年でくらべると、遺産5000万円超では1692件→1684件とほぼ横ばいです。それに対して、遺産5000万円以下では、4400件→6700件と50%以上も増えているのです。(参考:「日本経済新聞」2014年10月28日・夕刊)

遺産の少ないほうが、ここ10年でモメやすくなってきたのは不思議です。

この理由は、いろいろあるでしょうが、おもに次の3つが考えられます。

①両親に対しての親孝行が、寄与分として民法で日当程度しか認められない

介護などで苦労していても、いざ相続になると、その寄与分は苦労にくらべると微々たるものです。そこで、「あれだけ面倒を見たのに、なんで私もみんなと相続額が一緒なの?」と納得がいかずに争うケースが増えています。これは、資産家の場合よりも、遺産5000万円以下のほうが切実に思われます。

②教育費、結婚での援助など、子どもに対する親からの援助が平等になっていない

これはよくある話です。しかも、みんな自分が不利だと思っているのです。自分は得をしたと思っている人はほとんどいません。とくに、遺産5000万円以下のほうが、そうした不平等な状況になっていることが多いようです。

③資産家のほうが相続に対する心の準備ができている

おそらく、これが一番大きな要素ではないかと私は考えています。遺産5000万円を超える資産家は、代々大きな財産を相続している方が多いので、一族のなかで遺産相続に対する心構えができています。実際に、書籍・記事・セミナーなどで最悪なケースを頭に入れている場合が多く、それを反面教師として「売り言葉に買い言葉でけんかになる」ことを防いでいるのでしょう。

ところで、さまざまな相続を見てきた結論からいえば、モメる原因はただお金だけではないような気がします。むしろ、お金が2割で、残りの8割は気持ちの問題であるように見えます。

お金で解決できればまだいいのですが、きょうだいの長年のしこりや恨みなどが、心のなかにマグマのようにわだかまっていて、いざ相続になったときに爆発することが多いようです。

なかには、ちょっとした気持ちのすれ違いで泥沼化してしまったという例もあります。

お母さんが亡くなって遺された3人の息子のうち、1人が相続放棄をするということで、話がまとまりかけていたケースです。ところが、相続放棄をした弟が、「兄貴はまったく感謝の気持ちがない。相続放棄をしたんだから、もっと感謝してくれてもいいじゃないか」と怒ってしまい、モメてしまったのです。

相続というと、お金の動きばかりが注目されますが、それ以上に気持ちが重要だということを知るいい例です。

残念なことに、相続でモメたことで、その後の親戚付き合いができなくなる例も珍しくありません。

50代、60代前半の相続人にとってもっとつらいのは、自分の子どもたちが、モメている様子をじかに見ているということです。相続の当事者たちはカッカしているので、そうしたことに気がつかずに、自分の子どもなら当然味方をしてくれるだろうと思っています。

それはそうなのですが、多感な子どもの頃に、親たちが相続争いをしているのは、あまり見たいものではありません。

仮に、モメたとしても、子どもの前でグチはいうべきではありません。家のなかでは、話題にしないほうがいいでしょう。

しかも、相続でモメた親というのは、決まって「あなたたちはモメるの、やめなさいね」といいたがるものです。親にとっては気をつかっているつもりでも、子どもにとっては「それじゃ、辻褄《つじつま》が合わないじゃないか」と感じて反発してしまうのです。

円満解決をかなえる3つの考え方

思想家の安岡正篤《まさひろ》（1898〜1983年）の言葉に、「ものの見方の三原則」というものがあります。

1. 目先で見ずに、長い目で見る
2. 一面ではなく、多面的に見る
3. 枝葉末節を考えないで、根本で考える

安岡正篤は、数多くの政治家や財界人に師と仰がれた人物で、「平成」の元号の考案者でもあります。その人の述べたこの三原則は、まさに相続の場面でもあてはまると私は思うのです。

「目先で見ずに、長い目で見る」というのは、嫌なことをいわれたからといって、今ここで「カチン！」ときて争うことが、本当に自分の将来にとってよいことなのか。慎重に考えて行動したほうがよいという考えに置き換えられます。

「一面ではなく、多面的に見る」とは、自分は「これはおかしい」と思っても、それは相

手もおかしいと思っているに違いないと思いやることです。実際に、私たちが相続で争っている両者にお話を聞くと、どちらの主張もごもっともで、どちらがよくてどちらが悪いということは、なかなかいえないものです。こうして、一面的にとどまることなく、多面的に考えることは、相続において非常に大切な習慣です。

「枝葉末節を考えないで、根本で考える」とは、「もともと財産は親のものではないか」と考えることにたとえられます。そう考えていれば、「自分たちでワイワイ争っているのは、どこかおかしいのではないか」と気がつくことでしょう。

とくに、私はこの2番目の「一面ではなく、多面的に見る」という発想が、相続で幸せになるためにもっとも必要なことだと考えています。

親と同居しているか別居しているか、子どもがいるかいないか、親からの支援が平等でない——そうした立場の違いによって相続するものが変わってくることは仕方ないことです。

それを、自分中心の一面的な見方しかしないようでは、いつまでたっても合意はできません。見方を変えて、ほかの人の立場で考えてみれば、納得できることも出てくることでしょう。

私の知り合いに、親と同居して子どももいるお兄さんと、ひとり暮らしでバリバリ好きな仕事をしている妹さんがいらっしゃいます。妹さんのおっしゃるには、お正月になると甥や姪にお年玉をあげるのはいいけれど、自分は子どもがいないから毎年あげるだけだとグチをこぼします。

また、お兄さんの子どもは、おばあちゃんから七五三を祝ってもらったり、入学祝いをもらったりしている、それに対して、私は何ももらっていないといいます。

こうした細かいことが積もり積もると、いざ相続の段になったら「私は何もしてもらっていないじゃないの」と口にしそうだと心配をしていました。

でも相手の立場に立ってみれば、別の考え方があることがわかります。親と同居をするというのは大変なストレスでしょう。

その点、妹さんは自由に行動できます。行きたいときに旅行もできます。実家に遊びにいけば、ただで料理をごちそうになれます。また、子どももおらず、親の世話もしなくていいからこそ、好きな仕事に打ち込めたのでしょう。

もし、相続のときに彼女が「私は何もしてもらっていない」といったら、お兄さんは「お前は気楽でよかったじゃないか。オレは大変だったんだぞ」と答えて、まさに売り言葉に買い言葉の言い合いになることは目に見えています。

そうならないためにも、自分を主張するのではなくて、多面的なものの見方をして、相手を認めることが相続では非常に重要なポイントだと思うのです。

相続で納得できないときの気持ちのおさめ方

もっとも、そうはいっても割り切れないのが人の感情です。「モメないためにはこうしたらいい」というのは簡単ですが、よく考えてみれば、きょうだいというものは、モメないのが不思議なのです。

あまりに近い存在なので、相手が得をすると、自分が損をすると感じてしまいがちです。利害が一致しないどころか、利害が完全に衝突するのがきょうだいなのです。

ですから、相続にあたっては、準備は最悪を考えることが大切です。

「悲観的に準備し、楽観的に行動する」

これは私が大切にしている言葉です。

相続の前は、「モメるんじゃないか、奪い合いになるんじゃないか」と、できるだけ悲観的に考えて、万全の準備をしておくことが必要です。

しかし、いったん相続がはじまったら、極力楽観的になって、「きっとうまくいくよ」という気持ちで対処するのがいいと思います。

でも、どうしても納得がいかないことがあるかもしれません。そのときには、どう割り切ればよいでしょうか。

こういう質問を受けたことがあります。

「遺産分割の真っ最中なのですが、弟から理不尽な要求が出ています。私が譲れば遺産分割は終了するのですが、納得がいかないというのが正直なところです。

家事審判になれば、法定相続分で決着することが多いと聞いていますので、どこかで収めどころをつくらなければいけません。とはいえ、腹が立つのが現状です。こうした場合、みなさんはどうやって収めているのでしょうか」

この方のお気持ちはわかります。身近な人ほど争いは譲れないのが実態です。弁護士さんを通じて主張するケースも多いのですが、裁判となると精神的、経済的にも覚悟が必要となるため、その影響を考えると収めどころを探る方も多いのは事実です。

ただ、率直にいって、収められないというのが正直な回答です。

しかし、どうしても納得いかないまま収めざるをえないという方には、この言葉が参考になるかもしれません。

「天網恢恢疎《てんもうかいかいそ》にして漏《も》らさず」

中国の古典『魏書』に出てくる言葉で、わが国でもよく使われているのでご存じでしょう。注釈は、「天が悪人を捕まえるために張り巡らせた網の目は粗いが、悪いことをした犯人は１人も漏らさず取り逃さない」。つまり、天道は厳正であり、悪いことをすれば必ず報いがあるという意味です。

自分が相手を罰しなくても、必ずいつかは天が罰してくれると考えればいいのです。そして、譲った人には必ず天がいい報いをしてくれるはずです。

事実、私が長年お手伝いしてきた相続を見ていると、「譲った人にツキが巡ってくる」ということをしみじみと感じます。

あるプロゴルファーの父親は、相続にあたって争おうとはせず、きょうだいの求めるままに譲ることにしました。すると、それまで娘のプロゴルファーは今ひとつ成績が振るわなかったのですが、その後はかなりの活躍を見せるようになったのです。似たような例は、枚挙にいとまがありません。

相談なさった方は、私のこの話で納得して矛《ほこ》を収めることとしたそうです。

ところで、ツキについては、「ツキカエタの法則」があると私は考えています。つまり、こういうことです。


「ツ」……ツイている人は、ツイている人と付き合うとさらにツキがつくということ。では、ツイている人はどういう人かというと、次のような人です。

「キ」……聞き上手。よくほかの人の話を聞く人はツイてきます。

「カ」……感謝上手。「ありがとう」という言葉を使う人はツイてきます。

「エ」……笑顔上手。笑顔のあるところには、もちろんツキが来ます。

「タ」……他人に親切上手。親切な人にはツキが来ます。


もちろん、全部を同時にやれる人は神様みたいな人で、なかなかいません。でも、ひとつでもどこかこういうことを意識して生きていけば、人生は必ずいいほうに向かっていきます。

財産がいくらあっても幸せと限りません。宝くじが当たったから幸せでもないのです。

本当に幸せな人は、自分が思っているような人生を過ごせる人ではないでしょうか。

そして、自分は幸せだといっている人を見ると、だいたいこのような「ツキカエタ」の特性を持っているのです。

逆に、いくら納得できないからといって、相続でモメにモメて、腹を立ててばかりいて、それでも収まらないから裁判を起こして、そのたびにイライラしているような人は、幸せとは思えません。そんな人からは、間違いなくツキは逃げていくことでしょう。

相続とはお金、ものだけでなく「思い」も引き継ぐこと

この本の冒頭で、相続とは親の思いや生き方を理解して、引き継いでいくことであると書きました。

じつは、私自身もまた、父親と母親から思いを継いで今の仕事をしています。正確にいうと、税理士という仕事を父親に遺してもらい、相続という考え方を母親から継いでいるのです。

税理士法人レガシィは、やはり税理士であった父の会社を引き継いだものです。ただし、

相続専門の活動をはじめたのは、私の代になってからです。その経緯を、簡単にお話ししましょう。

今、私が相続の仕事をしているのは、母の死が大きく影響しています。私の母は、私が父親の会社に入ってまもなくの頃、58歳で亡くなりました。

母は亡くなる寸前に、私の手を握って「お父さんを頼むね」といって亡くなりました。いってみれば、これが母の遺言でした。手を握られたときのこと、そのときの手の感触は、いまだにありありと思い出します。

ですから、父親の仕事を助けてその思いを継ぐことが、同時に母の思いを実現することでもあったわけです。つまり、母からは「思いを継ぐ」ということを、遺言として伝えられたのだと考えています。のちに相続専門の税理士として活動したのも、このときの母の言葉があったからでしょう。

父は89歳まで生きていましたから、男としては長生きだったほうでしょう。亡くなる前に、私が相続を専門にすることに賛成してくれていました。

相続の仕事は、すでに1981年頃からはじめていましたが、本格的に専門としたのは1990年からです。これは、勇気のいる決断でした。

なぜなら、相続の仕事というのは、コンスタントに来るとは限らないからです。1つの家で世代交代するのは約30年とすると、1回仕事を受けると次の世代まで30年は仕事が来ないことになります。実際には一次相続だけでなく二次相続もありますが、それでも約15年に1回の計算です。

ですから、相続で仕事を続けようとすると、毎年積極的に営業活動をして仕事をとってこないといけないわけです。

それに対して、税理士のメインの仕事である法人の顧問契約は、途切れずに続きます。一度お客様になっていただければ、営業活動をしなくても毎年仕事があるわけです。誰が考えても、このほうがはるかに楽でしょう。

しかも、当時はすでに40人ほどの従業員がいましたので、まさに清水の舞台から飛び降りるような決心で相続を専門にしたのです。

でも、いったん決断すれば、あとは単純です。父や母から引き継いだ「思い」を込めて、真摯《しんし》に仕事をするだけでした。いろいろと紆余《うよ》曲折はありましたが、私たちの思いが入ることで、お客様には評価をいただけるようになりました。

いい評価をくださったお客様は、うれしいことに、お知り合いを紹介してくださいます。

そうして、1家族あたり15年に1回のお仕事ですが、次々に紹介いただいたことで、仕事はどんどんと増えていきました。

私たちは、紹介してくださったお客様のことを「紹介者」ではなく、感謝の気持ちを込めて「恩人」と呼んでいます。事務所にあるお客様リストには、それぞれ紹介者の代わりに「恩人○○様」と記してあります。

新しく入ってくる従業員には、そうした感謝の気持ちの大切さを忘れることなく、仕事をするように教えています。そうすることで、お客様に喜んでいただけますし、私たちの仕事も増えていくわけです。

そしてそれが、相続の意味を私に伝えてくれた母の思いに応えることであり、税理士の会社を遺してくれた父の期待に応えることであると思うのです。

JASRAC　出1502875-501

青春新書
INTELLIGENCE

こころ涌き立つ「知」の冒険

いまを生きる

"青春新書"は昭和三一年に――若い日に常にあなたの心の友として、その糧となり実になる多様な知恵が、生きる指標として勇気と力になり、すぐに役立つ――をモットーに創刊された。

そして昭和三八年、新しい時代の気運の中で、新書"プレイブックス"にその役目のバトンを渡した。「人生を自由自在に活動する《プレイ》」のキャッチコピーのもと――すべてのうっ積を吹きとばし、自由闊達な活動力を培養し、勇気と自信を生み出す最も楽しいシリーズ――となった。

いまや、私たちはバブル経済崩壊後の混沌とした価値観のただ中にいる。その価値観は常に未曾有の変貌を見せ、社会は少子高齢化し、地球規模の環境問題等は解決の兆しを見せない。私たちはあらゆる不安と懐疑に対峙している。

本シリーズ"青春新書インテリジェンス"はまさに、この時代の欲求によってプレイブックスから分化・刊行された。それは即ち、「心の中に自らの青春の輝きを失わない旺盛な知力、活力への欲求」に他ならない。応えるべきキャッチコピーは「こころ涌き立つ"知"の冒険」である。

予測のつかない時代にあって、一人ひとりの足元を照らし出すシリーズでありたいと願う。青春出版社は本年創業五〇周年を迎えた。これはひとえに長年に亘る多くの読者の熱いご支持の賜物である。社員一同深く感謝し、より一層世の中に希望と勇気の明るい光を放つ書籍を出版すべく、鋭意志すものである。

平成一七年

刊行者　小澤源太郎

著者紹介

天野 隆〈あまの たかし〉

税理士法人レガシィ代表社員税理士。株式会社レガシィ代表取締役。公認会計士、税理士、宅地建物取引主任、CFP。

1951年生まれ。慶應義塾大学経済学部卒業。アーサーアンダーセン会計事務所・ヒューストン事務所を経て、現職。累計相続案件実績5100件超と日本一であり、専門ノウハウと対応の良さで、紹介者から絶大な支持を得ている。

おもな著書に『日本一の税理士が教えるもめない相続の知恵』『大増税でもあわてない相続・贈与の話』(SB新書)、『これだけは知っておきたい「相続・贈与」の基本と常識』(フォレスト出版)など、ベストセラー多数。


やってはいけない「実家《じっか》」の相続《そうぞく》　青春新書 INTELLIGENCE

2015年4月15日　第1刷

著者　天《あま》野《の》　隆《たかし》

発行者　小澤源太郎

責任編集　株式会社プライム涌光
電話　編集部　03(3203)2850

発行所　東京都新宿区若松町12番1号 〒162-0056　株式会社青春出版社
電話　営業部　03(3207)1916　振替番号　00190-7-98602

印刷・中央精版印刷　製本・ナショナル製本

ISBN978-4-413-04450-9

こころ涌き立つ「知」の冒険！

青春新書 *INTELLIGENCE*

個人情報 そのやり方では守れません	武山知裕	PI·410
名画とあらすじでわかる！ 旧約聖書	町田俊之［監修］	PI·411
専門医が教える 「腸と脳」によく効く食べ方	松生恒夫	PI·412
バカに見えるビジネス語	井上逸兵	PI·413
仕事で差がつく根回し力	菊原智明	PI·414
図説 絵とあらすじでわかる！ 日本の昔話	徳田和夫［監修］	PI·415
「大増税」緊急対策！ 消費税・相続税で損しない本	大村大次郎	PI·416
指の腹を使ってシャンプーするのは逆効果！ やってはいけない頭髪ケア	板羽忠徳	PI·417
英語リスニング 聴き取れないのはワケがある	デイビッド・セイン	PI·418
名画とあらすじでわかる！ 新約聖書	町田俊之［監修］	PI·419
安売りしない「町の電器屋」さんが繁盛している秘密	跡田直澄	PI·420
その日本語 仕事で恥かいてます	福田 健［監修］	PI·421
文法いらずの「単語ラリー」英会話	晴山陽一	PI·422
孤独を怖れない力	工藤公康	PI·423
血管を「ゆるめる」と病気にならない	根来秀行	PI·424
戦国史の謎は「経済」で解ける 「桶狭間」は経済戦争だった	武田知弘	PI·425
浮世絵でわかる！ 江戸っ子の二十四時間	山本博文［監修］	PI·426
痛快！気くばり指南 「親父の小言」	小泉吉永	PI·427
なぜ一流ほど歴史を学ぶのか	童門冬二	PI·428
Windows《ウインドウズ》8.1はそのまま使うな！	リンクアップ	PI·429
比べてわかる！ フロイトとアドラーの心理学	和田秀樹	PI·430
名画とあらすじでわかる！ 美女と悪女の世界史	祝田秀全［監修］	PI·431
「疲れ」がとれないのは糖質が原因だった	溝口 徹	PI·432
私が選んだ プロ野球10大「名プレー」	野村克也	PI·433

お願い ページわりの関係からここでは一部の既刊本しか掲載してありません。折り込みの出版案内もご参考にご覧ください。